부모 마음 세탁소

부모 마음 세탁소

2025년 10월 17일 초판 01쇄 인쇄
2025년 10월 28일 초판 01쇄 발행

지은이 박소영·손수예

발행인 이규상 편집인 임현숙
편집장 김은영 책임편집 오희라 책임마케팅 윤선애
콘텐츠사업팀 강정민 정유정 오희라 윤선애 오은서
디자인팀 최희민 두형주
채널 및 제작 관리 이순복 회계 김하나

펴낸곳 (주)백도씨
출판등록 제2012-000170호(2007년 6월 22일)
주소 03044 서울시 종로구 효자로7길 23, 3층(통의동 7-33)
전화 02 3443 0311(편집) 02 3012 0117(마케팅) 팩스 02 3012 3010
이메일 book@100doci.com(편집·원고 투고) valva@100doci.com(유통·사업 제휴)
블로그 blog.naver.com/100doci_ 인스타그램 @100doci

ISBN 978-89-6833-524-2 13590
ⓒ 박소영·손수예, 2025, Printed in Korea

허밍버드는 (주)백도씨의 출판 브랜드입니다.
이 책의 저작권법에 따라 보호받는 저작물이므로 무단 전재와 복제를 금지하며,
이 책 내용의 전부 또는 일부를 이용하려면 반드시 저작권자와 (주)백도씨의 서면 동의를 받아야 합니다.

* 잘못된 책은 구입하신 곳에서 바꿔드립니다.

서툰 부모의 마음을 다독이는 작은 쉼터

부모 마음 세탁소

박소영·손수예 지음

허밍버드
Hummingbird

차례

1장 Bonding
유대감, 사랑

아이는 어린 시절을 얼마나 기억할까? ✳ 10

유대감을 이루는 가장 강력한 수단, 피부 접촉 ✳ 14

'나는 모(부)성애가 없는 것 같아'라고 생각하는 부모에게 ✳ 18

선택적인 유대감 형성도 괜찮습니다 ✳ 24

어쩌면 유대감을 쌓는 데 아이의 노력이 더 클지도 모릅니다 ✳ 30

태어나서 가장 잘한 일, 바로 아이를 낳은 일 ✳ 36

세상에 혼자 존재하는 아이는 없습니다 ✳ 40

뭐니 뭐니 해도 부모를 가장 사랑하는 아이들 ✳ 44

2장 Insecure
걱정, 불안감

나는 좋은 엄마가 맞을까? ✽ 50

아이가 아플 때 읽어 주세요 ✽ 54

부모의 불안은 전염된다 ✽ 60

아이가 나의 단점을 닮은 것 같아 괴로울 때 ✽ 64

부모로서 잘하는 게 하나도 없다고 느낄 때 ✽ 70

가장 중요한 정보는 아이 얼굴에 있습니다 ✽ 74

부모의 불안을 먹고 자라는 괴물을 조심하자 ✽ 80

아무것도 놓을 수가 없는 육각형 부모 ✽ 86

3장 Grateful
뿌듯함, 기쁨, 환희

네 눈에 비친 나 I SEE YOU ✽ 94

아이보다 조금 더 나은 어른이 되어야지 ✽ 98

부모의 말 한마디가 아이를 자라게 합니다 ✽ 102

나의 피로 회복제 ✽ 106

아이가 내 곁에 있는 것은 당연한 일이 아닙니다 ✽ 110

뿌듯함을 느끼는 순간들 ✽ 116

아이의 첫 세상을 함께하는 부모만의 특권 ✽ 120

함께하는 오늘이 가장 귀한 날입니다 ✽ 124

4장 Guilty & Growl
죄책감, 분노

오늘 나는 아이에게 어떤 말을 건넸나요? ✳ 130

잠든 아이를 보고 눈물을 흘리던 날 ✳ 134

직장 맘이 느끼는 죄책감 ✳ 140

육아에 압박을 주는 사람들에게 전하는 말 ✳ 146

아이가 침대에서 떨어진 날 ✳ 152

화를 참기 어려운 부모에게 건네는 따뜻한 위로 ✳ 156

좋은 부모가 되지 못한 것 같아 실망할 때 ✳ 160

실수를 안 하는 것보다 중요한 것은 실수 후의 회복력 ✳ 166

5장 Exhausted
피로감, 번아웃

힘든 육아에 만사가 다 귀찮아질 때 ✳ 172

지친 날 스스로에게 해야 하는 말 3가지 ✳ 176

육아에 지친 날 절대적으로 독이 되는 3가지 ✳ 182

거울에 비친 나를 바라볼 때 ✳ 188

우리 아이만 이렇게 키우기 힘든 걸까? ✳ 192

부모가 웃어야 아이도 웃을 수 있어요 ✳ 196

육아 우울증, 진짜 내가 문제인 걸까? ✳ 200

당신 탓이 아닐 수도 있습니다 ✳ 204

눈물을 참는 아이보다, 감정을 말할 수 있는 아이로 자라나게 해 주세요 ✳ 210

6장 Resilient
회복탄력성

완벽하려 애쓰지 마세요. 내려놓는 용기도 필요해요 ✳ 216

아이의 감정을 있는 그대로 부모의 그릇에 담아내 주세요 ✳ 220

세상에서 가장 모진 짝사랑 ✳ 224

아이의 미래를 속단하지 마세요 ✳ 228

아이는 끊임없이 어른을 용서한다 ✳ 234

반실반실한 눈으로 나를 바라보는 아이를 위해 ✳ 240

효율을 버리고, 과정을 믿어 주세요 ✳ 246

우리는 이미 충분히 좋은 부모입니다 ✳ 250

에필로그 ✳ 254

우리동네 어린이미술관 ✳ 257

BIGGER BONDING

1장. Bonding

유대감, 사랑

아이와 눈을 마주칠 때마다,
아주 특별한 감정이 느껴져

아이는 어린 시절을
얼마나 기억할까?

　꼬물대는 아기의 발바닥을, 양손에 쏙 들어오는 아기의 발바닥을 얼굴에 비벼 본 적이 있나요? 아이의 발과 정수리에 코를 박고 향기를 맡거나, 자고 있는 아이를 하염없이 바라보며 무한한 사랑을 느껴 본 적은요?

　사람들의 기억에는 명시적 기억과 암묵적 기억이 있습니다. 명시적 기억Explicit memory은 서술적 기억이라고도 하는데, 어떤 사건이나 정보를 기억해 내어 말로 서술할 수 있는 것을 말합니다. 우리 두뇌의 기억 중추인 해마에 저장되어, 이를 나중에 불러올 수 있는 것이지요.

　그런데 이 해마는 영유아기에는 아직 미성숙하기 때문에 아이들은 어린 시절을 떠올리기 어렵죠. 만약 "나 한 살 때 엄마가 나에게 우유를 줬어." 하는 아이가 있다면 그건 아마도 엄마가 아기에게 우유를 준 사진을 보고 조합해 낸 기억일 가능성이 높아요.

그렇다면 아이와 내가 나누었던 그 순간들은 어디로 갈까요? 아이는 그 순간을 기억할까요? 만 3세까지 애착이 중요하다던데, 아무리 잘해 줘도 아이는 기억하지 못하는 걸까요?

물론 아닙니다. 우리가 느끼는 감정들, 말로 설명하기 어려운 벅차오르는 마음, 서로가 공유하는 따스함…. 이러한 감정적 기억들은 아이의 두뇌 중에서 편도체에 저장이 됩니다. 그 당시의 분위기와 느낌, 주관적 정서를 마음속, 두뇌 가장 깊은 곳에 저장하는 것이지요. 이를 바로 암묵적 기억Implicit memory이라고 합니다.

엄마의 따뜻한 품에 안겨 있던 촉감, 머리맡에서 흥얼거려 주던 노랫소리, 아빠의 살 내음, 까끌한 수염, 뒤집기를 할 때 자신의 옆에서 응원해 주던 할머니의 모습, 첫걸음마를 떼었을 때 나보다 더 기뻐하던 부모의 박수 소리…. 이 모든 기억들은 아이의 가장 깊은 기억 저장소에 자리를 잡아, 암묵적 기억으로 아이의 생애 끝까지 함께합니다.

낯설기만 한 세상에 처음 나와 모든 것이 새롭고 두렵던 아기는 엄마 아빠와 함께 나누었던 따뜻한 기억과 경험의 힘을 자양분으로 삼아 스스로 나아갈 수 있는 힘을 얻습니다. 뛰어가다가 넘어지더라도 엄마가 손을 잡아 주었던 그 기억의 힘으로, 새로운 사람을 만났을 때 긴장되더라도 아빠가 언제나 내 곁에 있다는 신뢰를 바탕으로 도전할 수 있습니다.

　그러니 잊지 마세요. 아이에게 있어 부모와의 기억은 아이의 가장 밑바탕에 깊숙이 자리 잡은 자양분이라는 것을요.

(하루 5분 힐링 필사)

잊지 마세요.

아이에게 있어 부모와의 기억은

아이의 가장 밑바탕에 깊숙이 자리 잡은 자양분이라는 것을요.

(감정 돌보기 연습) "비슷한 감정을 느껴 본 적이 있나요?"
그 순간의 나를 위한 위로와 응원의 말을 건네 볼까요?

유대감을 이루는 가장 강력한 수단, 피부 접촉

    2010년 어느 날, 호주의 한 부부가 임신 27주 만에 쌍둥이를 출산했습니다. 아이들은 태어나자마자 스스로 호흡을 하지 못해 바로 신생아 중환자실로 옮겨져 치료를 받았지만 안타깝게도 그중 한 아이는 끝내 숨을 멈추었습니다. 의사가 사망 선고를 한 후 부모는 믿기지 않는 현실에 슬퍼하며, 작별 인사를 위해 아이를 자신의 맨 가슴 위에 올려 두었습니다. 그렇게 마지막 인사를 나누던 그 순간, 죽은 줄 알았던 아기가 다시 호흡을 시작했습니다.

    이 기적의 순간은 단순한 우연이 아니었습니다. 부모의 체온, 심장 소리, 따뜻한 숨결이 아이를 살린 것입니다. 이것이 바로 '캥거루 케어'의 힘이자, 부모의 사랑이 만들어 낸 생명의 기적입니다. 캥거루 케어는 마치 엄마 캥거루가 아기 캥거루를 주머니에

품듯, 보호자가 아기를 가슴에 안고 피부를 맞대며 'skin-to-skin' 접촉을 나누는 방법입니다. 이러한 따뜻한 접촉은 단순한 스킨십을 넘어, 아이에게 생존의 원천이 됩니다. 특히 이른둥이처럼 체중이 적은 아기에게는 그 효과가 과학적으로 입증되어, 실제 임상 현장에서도 중환자실에 입원해 있는 동안 어느 정도 아이가 회복되면 보호자와의 피부 접촉 시간을 적극 권장하고 있습니다. 연구에 따르면, 하루에 1시간씩, 6주간 꾸준히 캥거루 케어를 실천했을 때 아이들의 호흡과 체온이 안정되고, 면역력이 강화되며 몸무게가 꾸준히 증가했다고 합니다. 무엇보다 놀라운 점은, 생존율이 무려 다섯 배나 증가했다는 것입니다.

부모와의 지속적인 피부 접촉은 이른둥이뿐 아니라 건강한 영유아에게도 효과가 입증되었습니다. 부모와 함께한 따뜻한 접촉은 아기 몸속에서 놀라운 변화를 만들어 냅니다. 사랑의 호르몬이라 불리는 옥시토신Oxytocin의 분비가 증가하고, 스트레스 상황에서 분비되는 코티솔Cortisol은 줄어듭니다. 즉, 아이는 부모의 품 안에서 안정을 느끼고, 보호받고 있다는 확신 속에 성장하게 됩니다. 아이와 눈을 맞추고, 부드러운 목소리로 말을 걸어 주는 것만으로도 그 유대는 단단해지고, 평생을 지탱해 줄 애착이 형성되기 시작합니다.

부모가 된다는 건 누구에게나 낯선 길입니다. 어떻게 아이와 연결되고, 아이에게 사랑을 전해야 할지 몰라 고민하는 순간이 분명 있을 겁니다. 그럴 때는 아주 작고 간단한 것부터 시작해 보세요. 아이와 피부를 맞대고 꼭 안는 것, 볼 뽀뽀를 하는 것, 매일 밤 자기 전 귓가에 "사랑해"라는 말을 전하는 것. 이와 같은 작지만 강력한 행동들이 부모와 아이를 이어 주는 가장 든든한 다리가 됩니다.

부모의 품은 아이에게 세상에서 가장 안전한 집입니다. 아이가 자라며 힘든 일에 부딪혔을 때, 아이의 마음속에 부모가 따뜻하게 안아 주던 품과 사랑한다고 속삭여 주던 목소리가 가장 먼저 떠오르기를 바랄 것입니다.

그러니 당신의 품을, 목소리를, 사랑을 믿어 주세요. 당신의 진심이면 충분합니다. 오늘 하루도 아이를 안아 주세요. 아이는 그 순간, 세상에서 가장 큰 사랑을 배우고 있습니다.

부모와 아이 간의 유대감을 쌓는 가장 쉽고도 강력한 시작은 바로 스킨십입니다. 어렵게 생각하지 마세요. 지금 이 순간, 아이를 가슴에 꼭 안아 보세요. 서툴고 어색해도 괜찮습니다. 살을 맞댄 그 품 안에서 아이는 세상에서 가장 따뜻한 언어를 듣고 있습니다. 그 작은 접촉 하나가 아이의 마음에 평생 지워지지 않을 '사랑의 기억'으로 남을 겁니다. 유대는 말로 이루어지기 전에, 따뜻한 온기로 먼저 시작되기 때문입니다.

> 하루 5분 힐링 필사

오늘 하루도 아이를 안아 주세요.
아이는 그 순간,
세상에서 가장 큰 사랑을 배우고 있습니다.

> 감정 돌보기 연습 "비슷한 감정을 느껴 본 적이 있나요?"
그 순간의 나를 위한 위로와 응원의 말을 건네 볼까요?

'나는 모(부)성애가 없는 것 같아'
라고 생각하는 부모에게

   진료실에 앉아 아이를 낳은 지 며칠 안 된 부모를 마주할 때면, 연년생 아이 셋을 키운 제 마음은 괜히 찡하고 따뜻해집니다. 기저귀를 거꾸로 채워서 변이 다 새어 버린 걸 모르고 당황하는 엄마, 잔뜩 긴장해서 아이를 어떻게 안아야 할지 몰라 손을 덜덜 떠는 아빠, 그 모습들이 어설프고 서툴러 보여도 저에겐 너무 귀엽고 애틋한 풍경입니다.

   많은 초보 부모님들은 말합니다.

   "애를 낳았는데 아무 감정이 없어요."

   "모(부)성애가 안 생겨요. 저는 부모가 적성에 맞는 사람이 아닌가 봐요."

   "이런 것도 제대로 못하는데, 아이랑 유대감을 어떻게 만들 수 있겠어요?"

고백하자면, 사실 저도 그랬습니다. 첫째 아이를 낳았을 때, 뱃속에 열 달 동안 나와 함께 있었던 아이였는데도 품에 처음 안았을 때는 낯설었습니다. 어쩐지 '내 아이'라는 느낌보다 진료실에서 안아 봤던 수많은 신생아 중 한 명 같았던 그날. 그제야 저는 깨달았습니다. 이론은 이론일 뿐이라는 것을요. 이론상 출산 후 사랑 호르몬이라고 부르는 '옥시토신'이 분비되고, 아이를 안으면 행복감을 불러온다는 '도파민'이 나온다고 하지만, 사랑이라는 감정은 단순한 호르몬의 작용으로는 설명되지 않는다는 것을 몸소 느꼈습니다. 사람마다 느끼는 속도도, 방식도 다르니까요.

우리는 흔히 부모가 되면 본능적으로 아이를 사랑하게 된다고 생각합니다. 하지만 현실은 다릅니다. 모든 관계에 시간이라는 재료가 필요하듯, 부모와 아이 사이의 유대감도 함께 보낸 시간 위에 서서히 쌓여 가는 것입니다. 아이를 처음 목욕시킬 때, 수유를 하다가 잠든 아이의 얼굴을 바라볼 때, 아이가 이유 없이 울어 밤을 함께 지새우며, 조심스레 그 작고 여린 손끝을 붙잡고 손톱을 깎으며, 부족한 솜씨로 조금씩 돌보며 살아 내는 그 모든 날들이 아이를 향한 사랑을 만들어 가는 시간입니다.

그러니 지금 당장 유대감이 느껴지지 않더라도, 내가 부모가 된 것이 실감이 안 나고 어색하더라도 너무 걱정하지 마세요. 사랑은 원래 천천히, 아주 조용하게 찾아옵니다.

봄이 되면 땅을 뚫고 새싹이 솟아나듯, 상처가 나면 언젠가는 새살이 돋듯, 100도씨가 되어야 비로소 물이 끓듯, 사랑도 그렇게 일정한 온도와 시간이 쌓여야 무르익는 감정입니다.

광고나 방송에서는 아이가 태어나자마자 부모가 눈물을 흘리며 감동에 젖는 장면만 보여 주지만, 현실은 훨씬 다양하고 복잡합니다. 어떤 부모는 아이가 처음 미소 짓는 그 순간에 진심이 밀려올 수도 있고, 어떤 부모는 첫 생일을 함께 보내고 나서야 비로소 '아, 나는 진짜 부모가 되었구나!' 실감할 수도 있습니다. 어떤 감정이건 괜찮습니다. 지금 느끼는 감정이 꼭 사랑이 아니어도 괜찮습니다. 당신이 매일 아침 아이를 바라보고, 기저귀를 갈고, 밤새 아이를 안고 있는 그 모든 행위 자체가 이미 사랑입니다.

사랑은 꼭 벅찬 감정이 아니어도 됩니다. 사랑은 계속 곁에 있어 주는 마음입니다. 처음이라서 서툰 거고, 처음이라서 어렵습니다. 그렇다고 해서 부모로서 부족한 건 아닙니다. 당신이 매일 아이를 향해 내딛는 모든 시도들이 곧 사랑이고, 그것이 바로 유대의 시작이자 애착의 싹입니다. 우리는 모두 그렇게 서툰 상태에서 만나 서로를 조금씩 이해하고 받아들이고 사랑하게 되는 과정을 겪습니다. 그리고 그 여정을 함께하는 동안, 누구도 대신할 수 없는 소중한 관계가 됩니다.

언젠가 당신은 알게 될 거예요. 처음에는 느껴지지 않았던 그 감정이, 사실은 처음부터 당신 안에 있었다는 것을요. 당신은 사랑을 배우는 중이 아니라, 이미 사랑하고 있는 중이니까요.

(하루 5분 힐링 필사)

사랑은 꼭 벅찬 감정이 아니어도 됩니다.

사랑은 계속 곁에 있어 주는 마음입니다.

처음이라서 서툰 거고, 처음이라서 어렵습니다.

그렇다고 해서 부모로서 부족한 건 아닙니다.

당신이 매일 아이를 향해 내딛는 모든 시도들이 곧 사랑이고,

그것이 바로 유대의 시작이자 애착의 싹입니다.

감정 돌보기 연습 "비슷한 감정을 느껴 본 적이 있나요?"
그 순간의 나를 위한 위로와 응원의 말을 건네 볼까요?

선택적인 유대감 형성도
괜찮습니다

"제가 직장에 다녀서 그런지 아이가 할머니한테 더 잘 안겨요."

"늘 제가 돌보는데, 아빠를 더 좋아해요. 저는 뒷전인 것 같아요."

소아과 진료실에서 부모님들이 자주 이런 하소연을 털어놓습니다. 그 속에는 소외감, 외로움, 내가 아이에게 덜 중요한 사람이 아닐까 하는 불안이 느껴집니다. 온 마음을 다해 돌보는 아이가 자신을 외면하는 듯한 순간은, 생각보다 깊은 상처로 다가올 수 있습니다. "엄마 싫어. 저리가!" 아이의 이 한마디는 아무리 강인한 부모의 마음도 아프게 할 수 있습니다. 하지만 너무 상처받지 않아도 됩니다. 아이는 단지 지금 이 순간에 자신에게 더 편안하고 필요한 사람을 선택하고 있을 뿐이니까요.

아이는 본능적으로 자신에게 가장 안정감을 주는 사람을 찾아 갑니다. 예를 들어, 예방접종을 하러 병원에 간 어느 날을 떠올려 보세요. 평소에는 엄마만 찾고 엄마 옆에 꼭 붙어 다니던 아이가, 주사를 맞고 난 후 갑자기 "아빠!" 하고 울먹이며 아빠 품으로 달려갑니다. 엄마는 당황하고, 살짝 서운한 마음이 듭니다. 그런데 그건 아이가 엄마를 싫어해서가 아닙니다. 아이는 그 순간, 아빠 품이 더 단단하고 용기를 주는 '방패'처럼 느껴졌을 수 있습니다. 자전거가 넘어질 때 아빠가 번쩍 안아 줬던 기억, 낯선 상황에서 든든하게 옆을 지켜 준 순간들이 아이의 마음속에 쌓여 있었던 거죠. 그 기억들이 '무서운 상황에서는 아빠'라는 선택으로 이어진 것입니다. 그 선택이 바로 아이가 상황에 따라 편안함을 느끼는 대상을 스스로 찾고 있다는 증거입니다.

또 다른 예로, 주말에 찾은 할머니 집에서 있었던 장면을 떠올려 볼 수도 있습니다. 평소에는 엄마 아빠밖에 모르는 아이가, 어느 날 할머니 댁에 도착해서 문이 열리자마자 할머니 품에 와락 안깁니다. 그러고는 놀이터에서 있었던 일을 조잘조잘 이야기하며, 마치 오래된 친구를 만난 것처럼 편안한 표정을 짓습니다. 이 모습에 부모는 '내가 항상 곁에 있었는데, 왜 할머니한테 더 잘 안길까?' 하는 생각이 들 수도 있습니다. 하지만 이 또한 아이의 감정이 움직인 선택일 뿐입니다. 할머니는 천천히, 끝까지 아이의 이야기를 들어 주시고, 늘 같은 자리에 앉아 아이가 다가오기를 기다려 주셨을지도 모릅니다. 익숙한 냄새, 오래된 장난감, 부드러운 손길, "우리 애기 왔네~" 하고 반기는 따뜻한 목소리가 아이에게는 포근한 안식처로 느껴진 것이지요. 단지 아이가 '지금은 할머니 품이 더 좋다'고 느꼈을 뿐이고, 그 감정의 선택은 아이가 건강하게 관계를 맺고 있다는 아주 긍정적인 신호입니다.

    이러한 선택적인 유대감의 형성은 결코 나쁜 것이 아닙니다. 오히려 건강한 발달 과정 중 하나입니다. 아이는 다양한 관계를 통해 자신이 어떤 감정을 느끼는지, 어떤 사람이 자신에게 어떤 역할을 해 주는지를 조금씩 배워 갑니다. 상황에 따라, 감정에 따라 그때그때 다른 사람을 찾는 것은 아주 자연스럽고 바람직한 일입니다.

    우리는 종종 아이와의 유대감이 시간과 노력에 정비례할 것이라고 기대합니다. 내가 더 많이 돌보고, 더 많은 사랑을 쏟았으니 아이도 나를 가장 좋아해 줘야 한다고 믿고 싶습니다. 그러나 아이의 마음은 수학처럼 계산되는 것이 아닙니다. 짧지만 따뜻했던 순간, 진심 어린 눈빛, 꼭 안아 준 품 안의 온기 하나하나가 아이의 마음에 깊이 새겨집니다. 아이와의 관계는 정해진 공식이 없습니다. 어떤 순간에는 엄마가, 어떤 날에는 아빠가, 때로는 다른 가족, 심지어 가끔 보는 옆집 아주머니가 아이의 위로가 되어 줍니다. 이것은 부모님이 아이에게 부족해서가 아니라, 아이가 다양한 관계를 통해 세상을 이해하고 배워 가고 있기 때문입니다. 유대감은 하루아침에 완성되지 않습니다. 어떤 날은 밀려나 있는 것 같아 서운하고, 어떤 날은 아이가 내게만 안기며 웃어 주어 벅차오르기도 하지요. 그렇게 감정의 파도를 함께 건너며, 아이와 부모는 진짜 신뢰를 만들어 갑니다.

중요한 것은 아이가 위기의 순간에 가장 먼저 떠올리는 사람이 되어 주는 것입니다. 슬프거나 아플 때, 무섭거나 외로울 때, 아이가 믿고 달려올 수 있는 존재가 되어 주세요. 매일 똑같은 사랑을 쏟더라도 그 사랑이 아이의 기억 속에 작은 조각으로 차곡차곡 쌓이면, 언젠가 그 조각들이 아이의 가장 깊은 신뢰가 되어 있을 것입니다.

아이의 선택이 서운했나요? 괜찮습니다. 아이는 지금, 아주 잘 자라고 있는 중입니다. 그리고 당신은 그 모든 순간을 지켜 주는 가장 소중한 존재입니다.

> 하루 5분 힐링 필사

아이의 마음은 수학처럼 계산되는 것이 아닙니다.

짧지만 따뜻했던 순간, 진심 어린 눈빛,

꼭 안아 준 품 안의 온기 하나하나가

아이의 마음에 깊이 새겨집니다.

아이와의 관계는 정해진 공식이 없습니다.

어떤 순간에는 엄마가, 어떤 날에는 아빠가, 때로는 다른 가족,

심지어 가끔 보는 옆집 아주머니가 아이의 위로가 되어 줍니다.

이것은 부모님이 아이에게 부족해서가 아니라,

아이가 다양한 관계를 통해 세상을 이해하고

배워 가고 있기 때문입니다.

감정 돌보기 연습   "비슷한 감정을 느껴 본 적이 있나요?"
그 순간의 나를 위한 위로와 응원의 말을 건네 볼까요?

어쩌면 유대감을 쌓는 데
아이의 노력이 더 클지도 모릅니다

　아이와의 유대감, 부모 자식 간의 사랑을 담은 영화를 즐겨 보는 편입니다. 그중에서도 진짜 부모가 아님에도 불구하고 아이와 깊은 유대감을 쌓는 이야기에 특히 감명을 받습니다.

　디즈니 영화 〈말레피센트〉가 그중 하나입니다. 말레피센트는 자신이 사랑했던 남자에게 배신당하고, 그 남자가 다른 여자와 결혼해서 낳은 아이를 저주합니다. 처음에는 아이를 미워하고, 아이를 겁주려고 일부러 험악한 표정을 지었습니다. 하지만 아이는 그런 무서운 표정에도 아랑곳하지 않고 깔깔 웃습니다. 냉랭한 말레피센트에게 꽃을 선물하고, 무시당해도 아이는 미소를 잃지 않았습니다. 말레피센트가 거리를 두려 해도 아이는 아무 일도 없었다는 듯이 다가와 안아 주었습니다. 다행히 말레피센트는 본래 좋은 사람이었습니다. 끊임없는 아이의 구애에 굳게 닫혀 있던 마음 한 구석이 서서히 열리기 시작합니다. 결국 말레피센트는 아이의 수호천사가 되어 주고, 자신이 내렸던 저주를 거두기 위해 온 힘을 다합니다.

또 다른 영화 〈와일드 로봇〉도 있습니다. 로즈는 처음엔 아무런 감정을 느끼지 못하는 로봇이었습니다. 바다를 떠돌다 무인도에 불시착한 로즈는, 엄마를 잃은 아기 기러기를 만나게 됩니다. 처음에는 단순한 책임감 때문에 아기 기러기를 돌보게 되었지만, 시간이 흐르면서 서서히 달라집니다. 아기 기러기는 로즈가 무심하게 대하는데도 꿋꿋하게 곁에 머물렀고, 작은 날개로 애정을 표현했습니다. 로즈가 나무를 세우면 함께 기뻐하고, 비가 오면 로즈에게 우산을 씌워 주려 애썼습니다. 그 순수한 애정과 신뢰는 결국 로즈의 마음에도 변화를 일으킵니다. 로즈는 회사로 복귀하려던 목표를 포기하고, 아기 기러기를 지키기 위해 자신을 희생하는 선택을 합니다. 로봇에게조차 감정을 심어 준 것은 다름 아닌 아기 기러기의 변함없는 사랑이었습니다.

이것은 단지 영화 속 이야기가 아닙니다. 현실에서도 마찬가지입니다. 아이들은 그저 웃고, 안기고, 바라보는 것만으로 우리의 마음을 움직입니다. 세상에서 가장 맑은 웃음소리로 활짝 웃을 때, 작은 손으로 우리의 엄지손가락을 꼭 쥘 때, 곤히 잠든 아이를 안아 턱 밑으로 보송보송한 머리카락이 스칠 때…. 우리 마음속 깊은 곳에 꼭꼭 숨겨져 있던 감정이 몽글몽글 피어오릅니다.

아이들은 사랑받을 자격을 먼저 따지지 않고, 완벽한 부모를 요구하지도 않습니다. 그저 오늘, 지금 이 순간, 당신이 있는 그대로 곁에 있어 주기를 바랄 뿐입니다. 넘어지고 울다가도, 금세 웃으며 다시 안기러 옵니다. 아이가 내미는 손은 '나를 사랑해 줘'가 아니라, '나는 당신을 사랑해'라고 이야기합니다.

소위 '대문자 T형'이라고 불리는 이성적이고 감정 표현에 서툰 사람조차도 아이 앞에서는 무장 해제됩니다. 이토록 사랑스러운 구애를 도저히 외면할 수가 없습니다. '나도 저 아이에게 무언가 해 주고 싶다!'는 마음이 자연스럽게 피어납니다. 사실, 우리는 생각보다 훨씬 자주 아이에게 감동하고 있습니다. 다만 그것을 인정하고 표현하는 데 서툴 뿐입니다.

우리는 말레피센트처럼 본래 좋은 사람입니다. 다만 상처받은 마음 때문에, 바쁜 일상 때문에, 때로는 무심코 스스로를 잊어버릴 뿐입니다. 우리는 로즈처럼 메마른 껍질을 쓰고 있을 때조차 아이의 작은 손길에 마음을 열 준비가 되어 있습니다. 어쩌면 부모란 처음부터 완성된 존재가 아니라, 매일 아이의 다가감에 응답하면서 서서히 '부모다워지는' 존재인지도 모릅니다. 아이들은 부모가 그저 자신의 웃음을 바라봐 주고, 넘어졌을 때 다정히 손을 내밀어 주길 바랍니다. 바쁘고 지친 하루 중에 단 몇 분이라도 온전히 자신을 위해 귀 기울여 준 시간을 기억합니다.

우리가 아이를 사랑하는 방법은 거창할 필요가 없습니다. 아이와 함께 웃으며 작은 장난을 치는 것, "오늘 어땠어?" 하고 물어봐 주는 것, 잘 때 이불을 덮어 주며 조용히 머리를 쓰다듬어 주는 것.

어쩌면 부모와 아이 사이의 유대감 형성*Bonding*은 아이의 사랑스러운 노력에서 비롯되는 것인지도 모릅니다. 아이는 매일, 묵묵히, 끊임없이 우리에게 신호를 보내고 있습니다.

"나는 당신을 사랑해요."

"내 곁에 있어 줘요."

그 신호를 무심히 넘기지 말고 잠시 바라보았으면 합니다. 그 작은 손짓 하나에도, 웃음에도, 세상에서 가장 진실한 사랑이 담겨 있으니까요. 아이의 노력을 알아주는 것, 그 구애에 조심스레 답해 보는 것…. 그것만으로 우리는 아이와 연결될 수 있습니다.

오늘, 아이가 건네는 사랑을 있는 그대로 받아들여 보세요. 그 순간, 우리 역시 진심을 다해 아이를 사랑하는 사람이 됩니다.

> 하루 5분 힐링 필사

우리는 말레피센트처럼 본래 좋은 사람입니다.
다만 상처받은 마음 때문에, 바쁜 일상 때문에,
때로는 무심코 스스로를 잊어버릴 뿐입니다.
우리는 로즈처럼 메마른 껍질을 쓰고 있을 때조차
아이의 작은 손길에 마음을 열 준비가 되어 있습니다.
어쩌면 부모란 처음부터 완성된 존재가 아니라,
매일 아이의 다가감에 응답하면서
서서히 '부모다워지는' 존재인지도 모릅니다.

감정 돌보기 연습   "비슷한 감정을 느껴 본 적이 있나요?"
그 순간의 나를 위한 위로와 응원의 말을 건네 볼까요?

태어나서 가장 잘한 일, 바로 아이를 낳은 일

 아직 미혼이었을 때의 일입니다. 대학 시절 가장 친했던 친구가 출산을 하고, 아이를 키우고 있어서 친구를 만나러 친구 집에 찾아갔습니다. 저와 함께 대학 시절을 보내고, 배낭여행을 가고, 심지어 같은 정신과를 선택한 친구로, 저와는 비슷한 점이 많은 친구였죠. 그 친구는 '대학병원에서 정신과 교수로 재직하며 후대에 남길 만한 연구를 하고 싶다'는 큰 목표를 가졌을 정도로 열정적이고 학구적이었습니다.

 아이를 키우고 있는 친구에게 물었습니다. "아이 낳으니까 좋아?" 친구는 한 치의 망설임도 없이 대답했습니다. "소영아, 내가 태어나서 제일 잘한 일이 바로 우리 아이 낳은 거야." 저는 한 팔에 아이를 안은 채, 그 어느 때보다 확신에 차서 말하던 그 친구의 눈빛과 표정을 잊을 수가 없습니다.

사실 그때 저는 속으로 생각했습니다. '뭘 그렇게까지….' 그때는 잘 몰랐습니다. 아이를 임신하고 출산하고 양육한다는 것이 무엇이고 어떤 감정인지 잘 몰랐습니다. 짐작조차 잘 가지 않았죠. 옆에서 본들 진료실에서 아이들을 만난들 제가 직접 겪은 일이 아니니 어느 정도인지 몰랐던 거죠. 그렇기에 친구의 말이 더욱 크게, 생경하게 마음속에 남았던 것 같습니다.

그러고는 세월이 지났고 저도 그 말을 잊은 채 지냈습니다. 결혼을 하고 임신을 하고, 아이를 낳았습니다. 신생아 육아를 하느라 정신없이 시간이 지나고, 어느 정도 안정을 찾은 후 친구들이 저와 아이를 보러 집으로 놀러도 오고, 저도 다시 사회생활을 시작했습니다.

얼마쯤 지났을까요? 오랜만에 만난 싱글인 친한 동생이 저에게 물었습니다. "언니 아기 낳으니까 좋아?" 그 질문에 저는 아주 조금의 고민도 없이 대답했습니다. "응, 나 너어어어어어무 좋아. 이건 어나더레벨(another level)이야." 너무 즉각적으로 나온 제 대답에 동생은 웃음을 터트리며 "어, 언니 정말 그래 보여." 하고 말했습니다.

결혼을 하는 일, 임신을 하고 아이를 낳는 일, 이런 것은 누군가가 다른 사람에게 강요하거나 억지로 시킬 수 있는 일이 아니라고 생각합니다. 사람마다 상황과 가치관이 다르고, 각자의 인생이 있으니까요. 그런데 저는 제 인생에서 단 하나의 업적이라 불릴 만한 것을 꼽으라고 하면 바로 제 아들을 낳은 것이라고 생각하고 있습니다. 한 아이를, 생명체를 세상에 태어나게 하는 것은 제가 이룬 다른 어떤 일과도 차원이 다른 일이었습니다. 계획하고 열심히 노력해서 이루어 냈다기보다는 온 우주가 함께 만들어 낸 작품같이 느껴졌습니다. 왜냐하면 내 눈앞의 이 아이는 그저 제가 원한다고, 밤새 노력한다고 제 곁에 올 수 있는 존재가 아니니까요. 내 눈앞에서 숨 쉬고 말하고, 내 옆에서 자고 일어나고, 혼자 걷고 떠드는 이 생명체는 저만의 노력으로는 탄생할 수 없는 존재니까요. 너무 뜬구름 잡는 이야기 같나요? 하지만 저는 한 아이를 낳는 일은 그렇다고 생각합니다. 유전자나 난자와 정자의 만남, 수정, 착상 같은 논리적이고 과학적인 설명만으로는 부족함을 느낍니다. 그래서 출산은 어나더레벨이라는 것입니다.

    아이를 키우는 게 힘들 때, 남편이 미워 보일 때 저는 다시금 떠올립니다. 이 아이가 내게 오게 해 준 남편이니까 더 예뻐해야지. 지금 아무리 나를 힘들게 하고, 말을 안 들어도 세상에 기적처럼 찾아온 이 아이 존재 자체를 감사해야지. 모든 아이는 부모에게 그리고 이 세상에 기적이라 믿습니다.

(하루 5분 힐링 필사)

지금 아무리 나를 힘들게 하고, 말을 안 들어도
세상에 기적처럼 찾아온 이 아이 존재 자체를 감사해야지.

(감정 돌보기 연습) "비슷한 감정을 느껴 본 적이 있나요?"
그 순간의 나를 위한 위로와 응원의 말을 건네 볼까요?

세상에
혼자 존재하는 아이는 없습니다

"A baby doesn't exist alone(혼자 존재하는 아이는 없다)." 소아정신분석가 도널드 위니코트(Donald W. Winnicott)의 유명한 문장입니다. 도널드 위니코트는 소아과 의사에서 시작해서, 생물학적인 증상만으로는 아이들을 이해하기 어렵다는 생각에 소아정신분석가가 되어 많은 양육자에게 영감을 준 인물입니다. 그는 아이가 독립적으로 홀로 설 수 있는 존재가 아니라, 아이를 돌봐 주는 사람과의 관계 속에서만 존재할 수 있다고 말했습니다. 즉, 아이와 양육자의 상호 의존적인 관계를 중요하게 보았습니다.

갓 태어난 신생아를 떠올려 볼게요. 신생아는 혼자서 생존할 수 있나요? 간혹 동물들 중에는 태어나자마자 걷거나 헤엄치는 경우도 있습니다. 기린은 태어난 지 몇 분 이내로 일어나서 걸을 수 있고, 병아리나 오리 또한 알에서 나오자마자 스스로 걸어 다니고 심지어 먹이를 찾기도 합니다. 바다거북은 알에서 깨어나면 본능적으로 바다를 향해 헤엄쳐 나간다고 합니다. 이런 동물들에 비해 우리 인간은 어떤가요? 갓 태어난 아이가 만약 혼자 있다면요? 상상만으로도 가슴이 철렁하죠. 인간은 매우 미숙하고 연약한 상태로 태어나기에, 처음에는 절대 혼자서 살아갈 수 없습니다. 물론 태내에서 영양분도 얻고 두뇌도 성장하지만, 걷거나 기기는커녕 자신의 목조차 가누지를 못하죠. 생존에 가장 기본인 영양 공급 또한 스스로 할 수 없습니다. 즉, 인간은 정말 긴 시간의 절대적 돌봄 기간이 필요하며 자신의 돌봐 주는 사람이 절대적으로 필요합니다.

그래서 인간이 가지고 있는 능력이 바로 애착 행동*Attachment behavior*입니다. 애착 행동은 아기가 자신을 보호하고 돌봐 줄 사람에게 적극적으로 다가가며 생존 가능성을 높이는, 인간의 타고난 본능적 행동입니다. 아이는 자신을 보호해 주고 보살펴 주고 먹여 주고 따뜻하게 해 줄 수 있는 사람에게 기대고 의존하고 사랑을 표현합니다. 엄마의 손가락을 꼭 쥐는 것, 아직은 눈도 잘 못 뜨지만 어설프게 웃어 보이는 것, 아빠의 냄새와 목소리를 알아차리는 것, 자신을 안아 달라고 양팔을 벌리는 것, 배고프다고 큰 소리로 우는 것. 이 모든 행동은 살아남기 위한 아이의 본능입니다. 아이는 혼자서는 존재할 수 없으며, 아이의 생존을 위해서는 양육자가 꼭 필요합니다. 양육자는 아이의 생물학적 욕구뿐 아니라 정서적 욕구, 관계에의 욕구를 채워 주면서 아이를 독립된 인간으로 키워 나가게 되며, 이 기간은 최소 3~4년 이상이 걸립니다.

실제로 아이들의 울음소리는 우리 뇌에서 감정과 위기감을 담당하는 편도체와 시상하부를 즉각적으로 자극한다는 것이 여러 연구에서 밝혀졌습니다. 이로 인해 부모는 아이가 울 때 불안감이나 긴장감을 느끼면서 돌봐 줘야겠다는 생각을 하게 되죠. 또한 울음소리는 일명 '사랑 호르몬'이라고 불리는 옥시토신을 분비시켜 아이에게 애착을 느끼고, 적극적으로 돌보게 만드는 역할을 합니다. 이렇게 아이와 부모의 관계는 고차원적으로 설계되어 있습니다. 그 관계의 핵심은, 아이의 생존의 핵심은 바로 여러분, 우리, 즉 부모입니다.

떠올려 보세요. 세상에 그 어떤 누가 내 아이만큼 나를 그토록 절대적으로 원하고 필요로 했던 적이 있나요? 아이의 부름을 오롯이 느끼고 즐겨 보세요.

> 하루 5분 힐링 필사

세상에 그 어떤 누가 내 아이만큼
나를 그토록 절대적으로 원하고 필요로 했던 적이 있나요?
아이의 부름을 오롯이 느끼고 즐겨 보세요.

> 감정 돌보기 연습

"비슷한 감정을 느껴 본 적이 있나요?"
그 순간의 나를 위한 위로와 응원의 말을 건네 볼까요?

뭐니 뭐니 해도
부모를 가장 사랑하는 아이들

　진료실에서 아이들과 이야기를 하다 보면, 하나의 변하지 않는 공통점을 발견할 수 있습니다. 돌쟁이 아이든, 장난꾸러기 7살 아이든, 아빠와 말도 안 섞는 사춘기 딸이든, 아이들에게 부모란 어마어마한 존재라는 사실입니다. 아이들의 부모 사랑은 사실 어릴수록 더 쉽게 눈에 띄고, 명백하게 관찰됩니다. 아무리 좋아하는 장난감이 있어도, 달콤한 사탕으로 유혹해도, 잠깐 한눈을 팔 순 있어도 엄마 아빠가 사라지면 이내 아이들의 발걸음은 부모에게로 향합니다. 장난꾸러기 7살 아이가 아무리 로봇과 게임기를 좋아해도 사실 그 나이 때 가장 큰 소원은 엄마랑 결혼하는 것입니다. 초등학교 5학년 아이는 아빠 같은 남자 만날까 봐 결혼하지 않겠다고 소리 지르지만 사실은 아빠가 자신을 싫어할까 봐 두려워합니다.

놀랄 만한 것은 심지어 아빠가 술을 마시고 와서 물건을 집어 던지거나 혹은 엄마가 화를 내며 등짝을 때려도, 아이들은 부모를 좋은 사람으로 남기고 싶어 한다는 점입니다. 부모 때문에 힘든 마음을 저에게 이야기하면서도, 이야기를 듣는 제가 부모를 나쁜 사람으로 볼까 봐 두려워하고 말을 아낍니다. 슬픈 사실은 아이들이 부모를 감싸고 방어하는 것을 넘어서 자신을 탓하기도 한다는 것입니다. 부모가 이유 없이 화를 낼 때도 '내가 잘못한 게 있는 걸 거야' 부모가 이혼을 해도 '나 때문일 거야' 등과 같은 말로 아이들은 문제의 원인을 자신의 탓으로 돌리기도 합니다.

왜 그럴까요? 왜 아이들은 부모를 미워하기가 어려울까요? 나쁜 행동을 하는 부모를, 부모의 그릇된 행동을 잘못되었다고 인정하기가 어려운 걸까요? 아이에게 부모는 그 자체로 자신의 세상이자 자기 자신이기 때문입니다. 나를 창조해 준 사람이, 나의 온 세계였던 존재가 잘못되었다는 것을 인정해 버리면, 그 세계에서 비롯된 '나'라는 존재 또한 시작부터 잘못된 것이라는 뜻일 테니까요. 아이는 자신과 자신의 세계를 지키기 위해서 부모를 객관적으로 보기 어렵습니다. (물론 청소년기를 거치며 자신만의 세계로 나아가는 심리적 독립 단계를 거칩니다.)

그렇기에 아이는 부모를 부정적으로 바라보는 것만으로도 자신의 세계 전체가 흔들리는 것처럼 느낄 수 있습니다. 그래서 부모의 문제를 객관적으로 보지 못하고, 오히려 자신이 나쁘기 때문에 부모가 화를 낸다고 여기는 것입니다. 이는 아이가 정서적으로 부모를 '살려야' 자신도 살아남을 수 있다고 믿기 때문입니다.

   그만큼 부모는 아이에게 어마어마한 존재입니다. 그러니 지금 이 글을 읽고 있는 당신에게 조용히 당부드리고 싶습니다. 결코 아이의 사랑을 의심하지 마세요. 아이에게 끼치는 당신의 영향력을 절대 간과하지 마세요. 부모라는 존재는 아이의 마음속에 깊이 뿌리내린 나무와 같습니다. 부모라는 존재는 바람에 흔들리고 때로는 줄기가 부러진다 하더라도, 아이들에게 뿌리처럼 깊이 자리 잡혀 있습니다.

   당신이 바보 같고 실수할 때조차도, 당신에게 상처받거나 거절당해 외로움을 느낄 때조차도, 아이들은 부모를 여전히, 한없이 사랑합니다.

(하루 5분 힐링 필사)

당신이 바보 같고 실수할 때조차도,

당신에게 상처받거나 거절당해 외로움을 느낄 때조차도,

아이들은 부모를 여전히, 한없이 사랑합니다.

(감정 돌보기 연습)   "비슷한 감정을 느껴 본 적이 있나요?"
그 순간의 나를 위한 위로와 응원의 말을 건네 볼까요?

```
B I G G E R
  N
  S E
    C
    U
    R
    E
```

2장. Insecure

걱정, 불안감

이렇게 키우는 게 맞는 걸까?
아이에게 안 좋은 영향을 끼치면 어쩌지?

나는
좋은 엄마가 맞을까?

　깔끔하게 옷을 차려입고 회사에 출근했습니다. 출근길에 또각거리는 구두 소리에 기분이 좋습니다. 회사 앞에 새로 생긴 커피숍에 들러서 고소한 향기가 나는 라테 한 잔을 샀습니다. 햇살을 받으며 커피를 기다리는데 왜 이렇게 행복한 걸까요?

　회사에서는 일이 많아 바쁘지만, 왠지 살아 있는 것 같습니다. 동료들과 대화를 하고, 내게 주어진 업무를 스스로 처리합니다. 계획대로 잘 되고 있으니 기분도 좋습니다. 나는 이미 다 큰 성인이지만, 왠지 더 독립적인 인간이 된 것 같습니다. 일이 끝나면 친구들과 약속도 있습니다. 몇 주 전부터 가 보고 싶있던 식당을 어렵게 예약했습니다. 친구들과 오랜만에 사진도 찍고 밀린 수다도 떨 예정입니다. 너무 설레고 얼른 퇴근 시간이 되었으면 좋겠습니다.

퇴근 후 친구들과의 약속 장소로 가고 있습니다. 친구들과는 어쩜 할 얘기가 이리도 많은지. 음식도 맛있고, 분위기도 너무 좋습니다. 정말 백만 년 만에 셀카도 찍었어요. 신이 나서 깔깔 웃고 떠들고, 입가에 웃음이 가시질 않습니다. 그렇게 즐거운 시간을 보내다 보니, 어느새 9시가 되었어요.

앗! 핸드폰을 봤는데 부재중 전화가 와 있습니다. 남편과 아이가 영상통화를 걸었네요. 두 번이나 전화했는데 전화 온지도 몰랐습니다. 그런데 문득 그런 생각이 듭니다. '남들은 아이랑 같이 시간을 못 보내서 아이에게 미안하고, 일도 하기 싫어진다던데, 나는 왜 회사에 있는 게 즐겁지? 아이는 엄마 보고 싶어서 울었다는데…' 나는 친구들과 있는 시간도 마냥 즐거웠습니다. 나는 아이를 사랑하는 게 맞을까요?

생각해 보면 나는 그렇게 일을 좋아했던 사람은 아닙니다. 그런데 왜 지금의 나는 이렇게 기분이 좋고 행복하게 회사를 다니는 걸까요? 설마 나는… 아이랑 떨어져 있는 걸 좋아하는 걸까요? 아이를 두고 바깥에 있는 동안 아이를 떠올리지 못하는 나는… 왜 그런 걸까요?

나는 엄마이기 이전에 한 명의 사람이고 개인입니다. 한평생을 하나의 인격체로 살았고, 그 사람은 엄마가 되었다고 사라지지 않습니다. 부모라는 역할이 삶에서 아주 크고 중요한 역할임에는 틀

림없습니다. 그렇다고 해서 나의 다른 역할들이 없어지거나 사라져야 하는 것은 아닙니다. 나는 여전히 사회의 구성원이고, 회사에서는 근로자이며, 친구들과 우정을 나누는 사람입니다. 서로를 아끼는 부부이면서, 부모님의 딸이기도 하고, 며느리이기도 하죠. 엄마가 되었다 해서 먹고 자고 즐기는 욕구가 사라지는 것도 아닙니다. 그러니 자신의 소중한 부분들을 하찮게 여기지 마세요. 일을 하는 당신도, 멋지게 꾸미는 당신도, 커피를 마시면서 햇살을 즐기는 당신도 아주 소중한 존재입니다. 당신 그 자체로, 당신을 구성하는 하나하나를 소중히 여길 때, 비로소 엄마일 때의 당신도 더욱 빛이 납니다.

   집으로 돌아가는 길, 아마도 아이의 사진을 보고 있을 겁니다. 집으로 가는 발걸음이 빨라지고, 곤히 자고 있는 아이를 보면서 새삼 '나는 참으로 행복한 사람이다' 느끼고 있지 않나요? 당신은 좋은 엄마가 맞습니다.

(하루 5분 힐링 필사)

일을 하는 당신도, 멋지게 꾸미는 당신도,
커피를 마시면서 햇살을 즐기는 당신도 아주 소중한 존재입니다.
당신 그 자체로, 당신을 구성하는 하나하나를 소중히 여길 때,
비로소 엄마일 때의 당신도 더욱 빛이 납니다.

(감정 돌보기 연습) "비슷한 감정을 느껴 본 적이 있나요?"
그 순간의 나를 위한 위로와 응원의 말을 건네 볼까요?

아이가 아플 때
읽어 주세요

    부모가 되는 일은 기쁨과 사랑을 가득 안는 일이지만, 그만큼의 불안과 두려움도 함께 따라옵니다. 그리고 그 불안이 가장 짙어지는 순간은 다름 아닌 아이가 아플 때입니다. 아이의 이마가 뜨겁게 달아오르고, 작은 폐가 부서질 것처럼 기침을 할 때, 혹은 간신히 먹인 밥을 토해 내는 모습을 바라볼 때, 부모의 마음은 가슴 깊은 곳까지 일렁이며 녹아내립니다.

    병원에서 진찰을 받고 "목감기입니다. 열은 며칠 더 날 수 있어요."라는 말을 들었음에도 불구하고 부모의 마음은 도무지 안정을 찾지 못합니다. 체온계의 숫자가 1도만 올라가도 심장에 1톤짜리 돌덩이가 덜컥 내려앉는 느낌이 듭니다. 아이가 조금만 힘없이 보이기라도 하면 인터넷에서 봤던 열경련 사례나 중환자실에 입원했던 아이의 이야기들이 머릿속을 맴돌며 걱정은 꼬리에 꼬리를 물고 이어집니다. 내가 뭔가 중요한 걸 놓친 건 아닐까, 혹시 더 큰 병의 신호는 아닐까, 하는 불안이 자꾸만 마음을 붙잡습니다.

이럴 때면 어제의 사소한 선택들이 마음에 걸리기 시작합니다. 날씨가 꽤 쌀쌀했는데 밖에 너무 오래 있었던 건 아닐까, 조금만 일찍 집에 들어왔더라면 아프지 않았을지도 모른다는 생각이 들고, 실내에서 놀자고 했던 내 말을 듣지 않고 외출을 강행한 배우자가 괜히 원망스럽기도 합니다. 그리고 마음속 깊은 곳에서 이런 생각이 튀어나오죠. '내가 대신 아플 수 있다면 좋을 텐데…'

하지만 마음 한편에서는 이런 생각도 듭니다. 아프지 않고 크는 아이는 없다고, 성장 과정에서 아이의 몸은 감기와 바이러스, 세균을 만나며 면역력을 키워 간다고. 우리 몸은 훈련을 통해 강해지는 존재이고, 아이도 지금 그 과정을 지나고 있는 중이라는 걸 이성적으로는 알고 있습니다. 다만 그걸 감정이 허락하지 않을 뿐이죠.

냉정하게 말하자면, 아이가 아플 때 부모가 해 줄 수 있는 일은 사실 생각보다 제한적입니다. 예방접종을 제때 맞혔는지, 병원에 가서 적절한 진료를 받았는지, 수분 보충을 잘하고 있는지, 병원에서 경고한 위험 신호들(경련, 탈수 증상, 호흡곤란 등)이 나타나고 있지는 않은지. 이 네 가지를 확인했다면, 나머지는 이제 아이의 몸이 스스로 싸워 나가야 할 몫입니다.

아이가 아플 때 대부분의 부모는 본능적으로 확대경을 들이댑니다. 작은 상처조차 눈앞에서 확대되어 훨씬 더 큰 일처럼 느껴지고, 자그마한 이상 신호에도 모든 감각이 곤두섭니다. 그런 예민함은 때로 꼭 필요하지만, 반대로 부모 스스로를 지치게 하고 불안을 증폭시키는 원인이 됩니다. 그래서 아이가 아플 때일수록 부모는 감정을 살짝 옆에 두고, 한 발짝 뒤로 물러서서 아이를 바라보는 연습이 필요합니다. 의사의 말에 조금 더 신뢰를 보내고, 아이의 회복력을 믿는 마음을 단단히 붙잡아야 할 때입니다.

　무엇보다 아이에게 가장 큰 위안이 되는 것은, 그 옆에 부모가 있다는 사실입니다. 아픈 몸을 웅크리고 있을 때, 등을 쓸어 주고 손을 꼭 잡아 주며 "괜찮아. 엄마 아빠가 여기 있어."라고 속삭여 주는 그 목소리가 큰 힘이 됩니다. 부모가 자신의 불안을 잠시 내려놓고 아이의 회복을 함께 기다려 줄 때, 아이는 그 안에서 더 빠르고 안정적으로 회복해 갈 수 있습니다.

　부모가 된다는 것은 결국 불안과 공존하는 삶을 받아들이는 일인지도 모릅니다. 하지만 그 불안에 완전히 잠식되지 않도록 마음을 다잡는 일, 아이보다 먼저 흔들리지 않도록 애쓰는 일도 부모의 몫이지요. 감기 하나에도 온 신경을 곤두세우고 잠 못 이루는 밤이 지나면, 아이는 언제 아팠냐는 듯이 씩씩하게 뛰어놀고, 당신은 그 모습을 보며 다시 웃게 될 겁니다.

언젠가는 아팠던 기억이 흐릿해지고, 그 밤의 불안도 옅어지면 '그때 참 힘들었지' 하며 지난날을 돌아볼 수 있는 날이 옵니다. 그때가 되면 알게 되겠죠. 내가 얼마나 애썼고, 얼마나 큰 사랑으로 이 시간을 통과했는지를.

그러니 오늘은 아이를 안고 있는 그 손을 잠시 들여다보세요. 약봉지를 챙기며 메모해 둔 병원 지시 사항, 체온을 수십 번 확인하면서도 의심을 거두지 못했던 순간들, 그 모든 마음은 아이에게 고스란히 전해지고 있다는 걸 잊지 마세요. 아이는 알고 있습니다. 자신이 아플 때 가장 먼저 달려와 주는 사람이 누구인지. 아픈 몸을 안전하게 기댈 수 있는 사람이 누구인지를요. 불안할 때마다 스스로에게 말해 주세요. "내 아이는 나보다 더 강하고, 충분히 이겨 낼 수 있어."

(하루 5분 힐링 필사)

아이에게 가장 큰 위안이 되는 것은,

그 옆에 부모가 있다는 사실입니다.

아픈 몸을 웅크리고 있을 때, 등을 쓸어 주고 손을 꼭 잡아 주며

"괜찮아. 엄마 아빠가 여기 있어."라고 속삭여 주는 그 목소리가

큰 힘이 됩니다.

부모가 자신의 불안을 잠시 내려놓고

아이의 회복을 함께 기다려 줄 때,

아이는 그 안에서 더 빠르고 안정적으로 회복해 갈 수 있습니다.

감정 돌보기 연습   "비슷한 감정을 느껴 본 적이 있나요?"
그 순간의 나를 위한 위로와 응원의 말을 건네 볼까요?

부모의 불안은
전염된다

'불안은 미래에 대한 두려움에서 온다.' 이 말처럼 불안은 종종 우리가 예측할 수 없는 미래에서 비롯됩니다. 육아에서 부모가 겪는 불안도 마찬가지입니다. 아이가 자라면서 맞닥뜨리는 수많은 선택과 결정에서 불안이 생기죠. 아이의 성격, 학습, 사회적 관계 등 모든 것이 부모의 책임 아래 놓이게 되고, 그 무게는 때때로 숨이 막힐 정도로 압박감을 줍니다.

때로는 인터넷과 미디어에서 제시하는 '정상적인 육아' 기준을 따라야 할 것 같은 압박을 느끼기도 합니다. 세상은 끊임없이 변하고, 그에 따라 육아 방식도 시대마다 달라지니, 우리는 항상 '지금 내가 올바르게 하고 있는 걸까?'라는 의심과 불안을 떨치기 힘듭니다. 그 불안은 또 다른 불안을 만들어 내며, 끝없이 우리를 괴롭힙니다.

작은 불안들은 서로 연결되어 부모들을 종종 상상력이 뛰어난 스토리텔러로 만들기도 합니다. 아이가 이유식을 거부하는 시기가 와서 며칠간 평소보다 덜 먹으면, 벌써부터 아이가 커서 또래보다 키가 작아 놀림을 받을까 봐 초조해집니다. 돌이 다 되어 가는데도 걸음마를 하지 않으면, 발달에 문제가 있을까 봐 걱정하고, 잠깐 침대에서 떨어졌던 것이 원인이 된 것은 아닌지 불안해합니다. 근거 없는 불안들은 걱정을 눈덩이처럼 키우죠. 문제는 그 불안이 거기서 그치지 않는다는 점입니다. 불안은 전염되기 때문입니다.

부모가 느끼는 불안은 아이에게 그대로 전달될 수 있습니다. 아이는 부모의 표정, 목소리 톤, 몸짓에 매우 민감하기 때문에, 부모가 불안해하면 그 불안이 아이에게도 전해져 더 큰 혼란을 느끼게 됩니다. 마치 차를 타고 모르는 길을 내비게이션 없이 지도만 보고 찾아간다고 상상해 보세요. 누구나 길을 잘 찾을 수 있을까 걱정이 되죠. 그런데 운전자가 초조하고 신경질적인 모습을 보이며 길을 잘못 들 때마다 크게 자책하거나 남 탓을 한다면, 함께 차를 타고 있는 사람은 어떤 감정을 느낄까요? 불안이 전염되어 함께 걱정하게 될 것입니다.

따라서 부모는 먼저 자신의 불안을 다스리는 방법을 배워야 합니다. 불안을 인정하고, 그 원인을 명확히 파악하는 것이 첫걸음입니다. 그 후에는 내가 만들어 낸 불안과 진짜 불안을 구분하고, 내가 만들어 낸 불안은 단지 나의 감정이라는 것을 알아차리고 수용해야 합니다. 부모가 최선을 다하고 있다는 믿음은 아이에게 큰 안정감을 줍니다. 아이가 아프거나 힘들어할 때 부모가 차분하고 침착한 태도를 보인다면, 아이는 그런 부모의 모습을 보고 안정을 찾게 됩니다.

불안을 느끼지 않도록 노력하자는 것이 아닙니다. 불안 또한 육아를 하면서 생기는 자연스러운 감정이므로, 그것을 억누르는 것은 옳지 않습니다. 다만, 불안을 내비치지 않는 연습은 필요합니다. 불안을 지나치게 드러내지 않고, 아이에게 전달되지 않도록 조절하는 것이 중요합니다. 불안을 확대하지 않고 조금씩 통제할 수 있다면, 부모 또한 성장하게 될 것입니다. 둘째를 키울 때 육아에 대한 불안감이 한층 줄어드는 것도 이런 이유일 것입니다. 첫째를 키울 때의 불안과 비교해 보면, 육아 경험이 쌓이고 이해가 깊어지면서 자연스레 불안이 줄어들게 되는 것을 느낍니다.

'자신을 믿고 한 걸음씩 나아가라. 시간이 지나면 너의 발걸음이 길이 된다'라는 말이 있습니다. 이처럼 불안을 받아들이고, 한 걸음씩 나아가면서 우리는 아이에게 더 큰 힘을 줄 수 있습니다. 시간이 지나면, 그 발걸음이 길이 되어 아이에게 안정적이고 평화로운 환경을 만들어 줄 것입니다. 나의 불안이 아이의 불안이 되지 않기를. 오늘도 바라며 다짐해 봅니다.

> 하루 5분 힐링 필사

불안을 받아들이고, 한 걸음씩 나아가면서 우리는 아이에게
더 큰 힘을 줄 수 있습니다. 시간이 지나면, 그 발걸음이 길이 되어
아이에게 안정적이고 평화로운 환경을 만들어 줄 것입니다.
나의 불안이 아이의 불안이 되지 않기를.

> 감정 돌보기 연습

"비슷한 감정을 느껴 본 적이 있나요?"
그 순간의 나를 위한 위로와 응원의 말을 건네 볼까요?

아이가 나의 단점을
닮은 것 같아 괴로울 때

　부모가 되면 아이를 통해 나 자신을 새롭게 마주하게 됩니다. 아이의 눈빛, 말투, 습관 하나하나에서 나의 모습이 보일 때마다 참 신기하고 사랑스럽습니다. 하지만 문득 아이가 나의 단점을 닮은 것 같을 때면 마음이 무거워집니다. 감추고 싶었던 나의 모습이 아이에게서 보일 때, 걱정은 한없이 커져만 갑니다.

　모든 감각이 예민해서 편식이 심한 아이, 낯가림이 심해 자주 가는 키즈 카페도 무서워하는 아이, 조심성이 없어 자꾸 다치는 아이, 성격이 소심해서 친구들에게 양보만 하다 결국 우는 아이. 그런 아이를 보면 '혹시 나를 닮은 걸까' 하는 생각이 들고, 과거의 나를 떠올리게 됩니다. 어릴 때 내가 겪었던 외로움이나 답답함, 주변의 시선과 그로 인한 상처가 떠오르면서, 아이도 같은 아픔을 겪게 될까 봐 두려워집니다. 이 험한 세상에서 아이가 나와 같은 어려움을 겪지 않기를 바라는 마음, 부모라면 누구나 느끼는 진심일 것입니다.

　하지만 기억해 주세요. 이것은 너무도 섣부른 걱정일 수 있습니다. 아이는 부모로부터 기질을 물려받지만, 살아가는 경험과 만나는 사람들에 따라 전혀 다른 방향으로 성장할 수 있습니다. 중요한 것은 단점을 없애는 것이 아니라 아이가 그것을 받아들이고 활용해 나가도록 돕는 것입니다.

　하나, 이런 고민은 나만 하는 것이 아니라는 사실을 기억해 주세요. 먹지 않아 고민인 아이가 있는가 하면, 너무 많이 먹어서 걱정인 아이도 있습니다. 내성적인 아이가 걱정되는 부모도 있지만, 지나치게 활달해서 매번 사고를 치는 아이를 따라다니느라 힘든 부모도 있습니다. 이렇게 모든 부모는 저마다의 고민을 안고 있으며, 완벽한 중간은 존재하지 않습니다.

　둘, 아이에게 어떤 도움이 필요한지를 고민해 주세요. 어릴 적 나의 기억을 떠올려 보세요. 그때 어떤 말이 위로가 되었는지, 혹은 어떤 말을 듣고 싶었는지 떠올려 보는 것입니다. 그리고 어린 나에게 이야기해 주듯 아이에게 따뜻한 말을 꾸준히 건네세요. 나는 어릴 때 그런 이야기를 듣지 못했지만 아이에게는 내가 해 줄 수 있습니다. 그리고 다독여 주세요.

　"괜찮아. 엄마(아빠)도 어릴 때 그랬어. 다음엔 조금 나아질 수도 있어."

  이 짧은 한마디가 아이에게는 커다란 위로가 됩니다. 아이는 있는 그대로의 자신을 이해해 주는 부모의 말에서 진짜 용기를 얻습니다. 부모의 따뜻한 시선과 말 한마디는 아이의 마음속에 오래도록 남아 아이의 자존감을 키워 줄 것입니다.

  셋, 아이의 성향을 부정하거나 억지로 바꾸려 하지 마세요. 부모는 사랑에서 비롯된 걱정으로 아이를 어떻게든 바꾸고 싶어 하지만, 아이는 그 마음을 '있는 그대로의 나를 받아들이지 않는 것'으로 느낄 수 있습니다. 조용한 환경을 좋아하는 아이에게 억지로 웅변 학원을 보내는 것이 오히려 더 큰 상처가 될 수 있듯, 아이의 성향을 존중하는 것이 더 깊은 신뢰를 만들어 줍니다.

  나를 닮은 아이를 누구보다 깊이 이해하고 통찰력 있게 바라볼 수 있는 사람은 당신입니다. 아이의 소심함은 조심성이 많다는 뜻이고, 편식은 미각이 발달했기 때문일지도 모릅니다. 그런 시선으로 아이를 바라볼 때, 단점은 단점이 아니라 특별함이 됩니다.

  있는 그대로 아이를 믿어 주는 부모가 되어 주세요. 부모의 믿음과 이해는 아이에게 세상을 살아갈 수 있는 가장 따뜻하고 단단한 힘이 됩니다.

  그러니 오늘도 아이를 꼭 안아 주세요.

  "넌 지금도 충분히 멋진 아이야."

아이는 이 말을 평생 기억할 것입니다. 그리고 언젠가 그 말을 누군가에게 전해 줄지도 모릅니다. 당신이 그랬듯이 말이에요.

> 하루 5분 힐링 필사

나를 닮은 아이를 누구보다 깊이 이해하고
통찰력 있게 바라볼 수 있는 사람은 당신입니다.
아이의 소심함은 조심성이 많다는 뜻이고,
편식은 미각이 발달했기 때문일지도 모릅니다.
그런 시선으로 아이를 바라볼 때, 단점은 단점이 아니라
특별함이 됩니다.
있는 그대로 아이를 믿어 주는 부모가 되어 주세요.
부모의 믿음과 이해는 아이에게
세상을 살아갈 수 있는 가장 따뜻하고 단단한 힘이 됩니다.

감정 돌보기 연습 "비슷한 감정을 느껴 본 적이 있나요?"
그 순간의 나를 위한 위로와 응원의 말을 건네 볼까요?

부모로서 잘하는 게
하나도 없다고 느낄 때

"저는 사실 제가 아주 멋진 아빠가 될 줄 알았거든요? 근데 아니더라고요. 저도 평범한 대한민국 아빠인가 봐요. 애가 엄청 좋진 않네요."

가깝게 지내던 지인이 아이를 낳고 나서 제게 한 말입니다. 진료실에서도 가끔 보호자 분들이 비밀을 털어놓듯 말합니다. "선생님, 솔직히 저는 아이 키우는 게 힘들어요, 잘 못하는 것 같아요." "싱글일 때가 그리워요."

그저 육아가 힘들다는 푸념이 아니라, 내가 육아에 어울리지 않는 사람 같아서, 내가 생각보다 좋은 부모가 아니라는 생각에 속상해서 건네는 말들입니다. 막상 아이를 낳고 보니 그렇게 아이와 잘 놀아 주지도 못하는 것 같고, 아이의 마음을 잘 읽어 주지도, TV에서 본 것처럼 화가 나는 상황에서도 침착하게 대처하지도 못하는 자신의 모습에 실망하는 것이죠. 아이를 낳기 전, 식당이나 공원에서 자녀들에게 소리치는 부모를 보며 '나는 안 저래야지.' 하고 생각하거나 TV 속 금쪽이를 보며 "부모 때문이네." 하고 혀를 끌끌 차던 자신의 옛날 모습이 부끄럽기까지 합니다. 특별히 교육에 관심이 많은 것도 아니고, 감정 조절이 뛰어난 것도 아닌 그저 평범한 나…. SNS 속에서 봤던 '근사한' 부모들과는 전혀 다른 모습이라 속상한 것이죠.

그런데요, 사실 저도 그랬습니다. 지금도 생각이 납니다. 아이 이유식을 만들던 시절, 죽과 퓌레는 블렌더로 어찌어찌 넘겼지만 중기, 후기, 유아식을 지나며 다양한 재료와 영양소, 아이의 기호까지 고려해야 하는 현실 앞에서 매번 자신이 없어졌습니다. 어느 날 친구 집에 놀러 갔는데, 아이 밥상이 5첩 반상인 것을 보고 생선과 밥, 국만 놓여 있던 제 아들의 식탁이 떠오르면서 스스로 한없이 초라해지고 아들에게는 미안해졌습니다.

그렇게 자책을 하다가 결심했습니다. 버릴 건 버리자. 못하는 것을 너무 잘하려고 애쓰기보다는 내가 할 수 있는 걸 하자. 반찬 하나라도 생선이라면 영양가가 좋지, 하루는 고기를 먹여서 단백질을 채워 줘야지. 비록 반찬 하나, 밥 한 공기였지만 바닥이 보이게 잘 먹어 주는 아들에게 고마워했습니다. 그리고 제가 잘하는 것에 집중했습니다. 바로 아들과 놀아 주는 것. 그건 제가 잘할 수 있는 일이었으니까요. 그때 다시 한번 깨달았습니다. 육아는 내가 못하는 걸 채워 내는 일이 아니라 내가 가진 것을 더 살려 가는 일이라는 것을요.

찾아야 합니다. 내가 잘하는 것, 누구나 하나쯤은 있어요. 아이가 놀 때 지루해하지 않고 옆에 있어 주기, 아이가 떼를 써도 흔들리지 않고 버티기, 아이의 취향을 잘 알아차리기, 아이가 좋아하는 곳을 찾아 데리고 다니기 등등. 매일 조금씩, 하나씩, 나와 아이가 흥미 있는 것을 찾다 보면 육아는 더 즐거워집니다. 아이는 당신을 다른 부모와 비교하지 않습니다. 부모 스스로가 그럴 뿐이지요.

평범한 부모라고 자책하지 마세요. 매일 고민하고 질문하고, 실망했다가 기쁘고, 무력했다가 환희하는 그런 매일을 아이와 살아 내는 것, 그것이 바로 인간적이며 건강한 부모와 자녀 관계입니다. 평범한 하루를 평범한 부모로서 즐기세요.

하루 5분 힐링 필사

매일 조금씩, 하나씩, 나와 아이가 흥미 있는 것을 찾다 보면
육아는 더 즐거워집니다. 아이는 당신을 다른 부모와
비교하지 않습니다. 부모 스스로가 그럴 뿐이지요.

감정 돌보기 연습 "비슷한 감정을 느껴 본 적이 있나요?"
그 순간의 나를 위한 위로와 응원의 말을 건네 볼까요?

가장 중요한 정보는
아이 얼굴에 있습니다

"선생님, 아이가 저랑 헤어져도 별로 신경을 안 써요. 애착 문제일까요?"

"다른 애들은 다 웃고 인사한다는데 우리 애는 눈도 안 마주쳐요. 자폐일까요?"

"혹시 ADHD일까요? 온종일 가만있질 않아요."

진료실에 앉은 부모님의 눈빛이 흔들립니다. 혹여나 내 아이에게 무슨 문제가 있을까 봐, 내가 그것을 놓쳤을까 봐, 부모의 초조한 눈빛과 꼼지락거리는 손을 꼭 잡아 주고 싶을 때가 많습니다.

부모님들의 그런 마음, 저도 물론 너무나 잘 압니다. 내가 아이의 부모니까, 사랑하니까, 더 잘해 주고 싶으니까. 무언가 놓치고 있는 건 아닐까 두려워서 아이의 모든 행동을 분석하고 이유를 알고 싶습니다. 그렇게 고민하며 SNS와 유튜브, 맘 카페나 블로그 속으로 빠져듭니다. 하지만 인터넷을 찾아보면 찾아볼수록 마음은 왜 더 불안해지는 걸까요?

걱정은 걱정을 낳고, 불안의 알고리즘은 나를 놓아주지 않습니다. 그럴수록 아이를 바라보는 부모의 시선은 흐려지고 아이를 아이 자체로 보기보다 인터넷의 체크리스트 하나하나에 대입해 가며 보게 됩니다.

"선생님, 아이가 감각 추구가 너무 심해요."

"우리 아이는 처리 속도가 느려서요. 호명 반응은 되는데 사회적 상호작용이 안 돼요."

부모 스스로도 제대로 이해하지 못한 각종 용어들로 아이를 해석하고 분석하지 마세요. 아이의 행동을 조각 조각 내어서 공부하고 이해하려 하다 보면, 결국 아무것도 모르게 되는 경우가 더 많습니다.

인터넷의 체크리스트 대신 이 질문들에 대답해 주세요.

"우리 은하는 어떤 놀이를 제일 좋아해요?"

"우리 주원이가 제일 좋아하는 장난감은 뭔가요?"

"우리 승아가 가장 즐거워할 때는 언제인가요?"

부모가 편안한 마음으로 그저 아이의 얼굴을 떠올리고, 우리 아이를 있는 그대로 바라볼 때, 비로소 아이의 얼굴이 보이기 시작합니다.

조각이 아닌 전체를 봐 주세요. 나무를 보느라고 숲을 놓치지 마세요. 아이의 모든 것을 이성적으로 이해하고 분석하는 것은 불가능합니다. 인터넷에 떠도는 체크리스트를 우리 아이에게 거꾸로 적용해서 아이를 프레임 안에 가둬 두지 마세요.

"선생님, 도대체 정상이라는 게 뭐예요?"
한 어머니의 질문에 저는 이렇게 답했습니다.
"정상이라는 건, 그 아이가 가진 고유한 리듬 안에서 자라고 있다는 거예요. 아이마다 말이 늦을 수도 있고, 낯가림이 심할 수도 있어요. 어떤 아이는 사람을 더 좋아하고 어떤 아이는 새로운 환경에 더 호기심이 많지요."
정상이냐 아니냐, 문제 행동이냐 아니냐. 그런 이분법적인 질문으로 내 아이를 이해하고 사랑하는 것은 불가능합니다. 가장 우선이 되어야 하는 건 항상 내 아이를 있는 그대로 바라보기, 즉 '관찰'입니다. 아이의 눈길이 머무는 곳, 아이가 웃는 순간, 아이가 거부하며 고개를 돌리는 모습. 그 조각들을 연결하고 이해하려는 노력이 진짜 육아의 시작이고, 부모로서의 직관을 키우는 길입니다. 내 아이를 있는 그대로 바라보는 것이 시작입니다.

인터넷은 아이를 보지 못합니다. 진짜 아이는 지금 당신 눈앞에 있는 그 아이입니다. 오늘 핸드폰을 잠시 내려놓고 아이의 얼굴을 더 오래 들여다보세요. 그 해답은 아이의 얼굴 안에 이미 다 있는지도 몰라요.

　내 아이가 어디서 어떻게 빛나는지를 세심하게 따뜻하게 바라봐 주세요. 그 시선이 곧 가장 좋은 육아 지침이 되어 줄 거예요. 육아 지침서나 인터넷 정보로는 아이를 키울 수 없습니다. 머릿속의 정보가 아이를 키우는 것이 아니라 관찰하고 느끼며 함께하는 마음이 아이를 자라게 합니다.

> 하루 5분 힐링 필사

가장 우선이 되어야 하는 건
항상 내 아이를 있는 그대로 바라보기, 즉 '관찰'입니다.
아이의 눈길이 머무는 곳, 아이가 웃는 순간,
아이가 거부하며 고개를 돌리는 모습.
그 조각들을 연결하고 이해하려는 노력이 진짜 육아의 시작이고,
부모로서의 직관을 키우는 길입니다.
내 아이를 있는 그대로 바라보는 것이 시작입니다.

감정 돌보기 연습   "비슷한 감정을 느껴 본 적이 있나요?"
그 순간의 나를 위한 위로와 응원의 말을 건네 볼까요?

부모의 불안을 먹고 자라는
괴물을 조심하자

　육아를 하다 보면, 어느 순간 불안이 마음 깊숙이 스며드는 순간이 있습니다. 밤에 아이가 잠을 설칠 때, 또래보다 느린 발달을 보일 때, 잔병치레를 할 때면 '이게 정상일까? 우리 아이 괜찮을까?' 하는 생각이 듭니다. 그런 불안은 우리 마음에 잠시 들렀다가 조용히 지나가기도 하지만, 외부 자극에 의해 더 크고 깊어질 때가 많습니다. 그리고 대표적인 외부 자극은 대중 매체와 광고입니다.

　요즘 부모들은 이전 세대와는 비교할 수 없을 정도로 많은 정보를 접할 수 있습니다. 스마트폰 하나면 육아에 관한 전 세계의 지식과 최신 육아용품에 대한 정보를 손쉽게 접할 수 있는 시대죠. 하지만 아이러니하게도 방대한 정보는 부모의 불안을 줄이기보다는 증폭시키는 역할을 합니다.

SNS를 켜면 끝없이 올라오는 광고들이 우리를 맞이합니다. '과학적으로 검증된 XX영양제' '아토피를 극복시킨 ○○맘이 강추하는 피부 보습제' '전문가가 설계한 발달 자극 장난감' 이런 광고 문구들은 부모들에게 조용하지만 강력하게 속삭입니다. "이걸 사지 않으면 당신 아이는 뒤처질 수 있어요."

아토피를 앓는 아이가 있는 부모라면 이 보습제를 사용하지 않으면 아이의 피부가 더 악화될지도 모른다는 걱정이 밀려옵니다. 또래보다 키가 작은 아이를 둔 부모는 키 크는 영양제를 보며 우리 아이에게 반드시 필요한 것일지도 모른다는 생각에 사로잡히고요. 아이의 발달이 느린 것 같아 걱정인 부모에게는 '이 장난감을 써야 발달을 자극할 수 있다'는 광고 메시지가 꽂힙니다. 광고는 언제나 불안을 겨냥하며, 그 불안을 줄여 주는 해결책으로 제품을 제시합니다.

이쯤 되면 부모는 자신도 모르게 '지금 내가 하고 있는 육아가 틀린 건 아닐까?'라는 생각을 하게 됩니다. 육아에 대한 확신이 흔들리고 스스로를 의심하게 되죠. 이 제품을 쓰지 않으면, 이 방법을 따르지 않으면, 내 아이가 불행해질지도 모른다는 막연한 두려움에 사로잡히는 것입니다.

그렇게 우리는 점점 더 많은 육아용품을 사고, 새로운 정보를 찾아 헤매며, 어딘가에 내가 몰랐던 정답이 있을 것 같은 육아의 미로에 빠져들게 됩니다. 하지만 정말 육아에 정답이 있을까요? 모든 아이가 같은 제품을 필요로 할까요? 과연 지금의 불안은 나의 직관에서 비롯된 것일까요, 아니면 외부에서 주입된 것일까요?

 매체와 광고에 나오는 모든 제품과 정보가 불필요하고 잘못되었다는 것은 아닙니다. 그중 많은 부분은 분명 아이에게 긍정적인 역할을 합니다. 질 좋은 보습제는 아토피를 완화할 수 있고, 발달에 도움을 주는 장난감도 많으며, 전문가의 조언은 잘못된 정보를 걸러 낼 수 있는 중요한 기준점이 되기도 합니다. 하지만 중요한 것은 '나와 내 아이에게 맞는가?'에 대한 깊은 고민이 반드시 선행되어야 한다는 점입니다.

 광고는 줄줄이 달린 수많은 리뷰를 보여 주며 설득하지만, 리뷰보다 더 중요한 것은 당신의 아이 한 명이 어떤 필요를 가지고 있는지에 대한 이해입니다. 모든 부모가 기억해야 할 질문은 이것입니다.

 '이 제품이 정말 우리 아이에게 꼭 필요한 걸까?'

 '왜 필요하다고 생각하는 걸까?'

 '지금 내가 느끼는 불안이 이 제품이 없어도 괜찮다는 사실을 가리고 있는 건 아닐까?'

 '무엇을 사야 하는가?'보다 더 중요한 질문은 '지금 우리에게 정말 필요한 게 무엇인가?'입니다.

광고가 던지는 불안에 자동 반응하는 대신, 잠시 멈춰 서서 생각해 보는 시간. 그 심사숙고의 시간이야말로 부모가 갖춰야 할 가장 강력한 무기입니다. 육아는 정해진 기준에 맞춰 정답을 찾는 시험이 아닙니다. 부모와 아이가 함께 만들어 가는 여정이고, 매일 조금씩 배우고 자라나는 과정입니다. 모든 가정에 똑같은 제품이 똑같은 방식으로 작용할 수는 없습니다. 광고와 정보 속에서 정답을 찾으려 하기보다는 불안에 휘둘리지 않고 나만의 기준을 세워야 합니다. 필요하다면 전문가와 상담도 하고, 제품을 꼼꼼히 비교해 보고, 때로는 사지 않는 것도 현명한 선택임을 인정해야 합니다.

육아는 정답을 따르는 것이 아닙니다. 아이와 함께 매일의 답을 만들어 가는 일입니다. 그리고 그 답은 광고 속에 있지 않습니다. 당신 안에 있습니다.

(하루 5분 힐링 필사)

광고가 던지는 불안에 자동 반응하는 대신,
잠시 멈춰 서서 생각해 보는 시간.
그 심사숙고의 시간이야말로
부모가 갖춰야 할 가장 강력한 무기입니다.
육아는 정해진 기준에 맞춰 정답을 찾는 시험이 아닙니다.
부모와 아이가 함께 만들어 가는 여정이고,
매일 조금씩 배우고 자라나는 과정입니다.

감정 돌보기 연습　"비슷한 감정을 느껴 본 적이 있나요?"
그 순간의 나를 위한 위로와 응원의 말을 건네 볼까요?

아무것도 놓을 수가 없는
육각형 부모

   진료실에서 저와 비슷한 또래의 30~40대 부모님들을 많이 만납니다. 아이를 키우고, 부모를 모시고 또 직업적으로는 가장 활발히 일을 해야 하는 이 시대의 허리 세대. 바로 저와 비슷한 고민을 하면서 아이를 키우며 살고 계신 분들이죠. 이제는 아이 키우는 게 예전보다 좋아졌다는 말을 함부로 하는 사람들이 별로 없습니다. 왜냐하면 아이 하나 키우는 일이 얼마나 힘든지 모든 사회가 함께 공감하고 있으니까요. 뭐가 그렇게 힘들까요? 왜 그렇게 힘들까요?

   저의 생각은 그렇습니다. 지금의 부모님들은 육각형으로 살아야 하기 때문입니다. 육각형 인간이란 단어 들어 보셨나요? 마치 육각형의 모든 면과 각이 균형 있게 발달한 것처럼, 모든 능력이 균형 있게 뛰어난 사람을 표현하는 신조어입니다. 주로 특정 분야에서만 탁월한 게 아니라, 지성, 신체 능력, 외모, 사회성, 도덕성, 경제력 등 다양한 측면이 고르게 뛰어난 인물을 묘사할 때 씁니다. 저는 이 시대의 부모님들이 육각형 인간으로 살아야만 하는 상황에 처해졌다고 생각합니다. 스스로 선택해서 완벽주의 인간이 되고자 하는 것이 아니라, 이 시대에서 아이를 키우기 위해 어쩔 수 없이 육각형이 되려고, 반듯한 육각형까지는 아니더라도 적어도 육각형이 되려고 노력하고 애쓰면서 살아야 할 수밖에 없다고요.

6살 남자아이를 키우는 85년생 Y는 자신의 일을 좋아하고 열정적인 호텔리어 엄마입니다. 남편과는 사내 연애로 만나 알콩달콩 지내고, 아들도 별 탈 없이 잘 자랍니다. 한 번 더 가까이 들여다볼게요.

맞벌이 부부인 Y의 하루는 톱니바퀴처럼 돌아갑니다. 월수금은 Y가 재택근무를 할 수 있는 날입니다. 유치원 셔틀버스를 태우기까지 아이는 엄마가 담당합니다. 늦잠 잔 아이를 부리나케 버스에 태우고 돌아와 립스틱을 바르고 상의만 블라우스로 갈아입은 채 줌 미팅에 참여합니다. 정신없이 오전이 지나고, 오후에는 친정 엄마의 병원 투어가 있습니다. 친정 엄마는 1년 전부터 갑상선이 안 좋아서 병원을 다니고 있는데, 병원은 꼭 같이 가 드리고 있습니다.

 아이의 하원은 아빠 담당입니다. 아빠는 이른 출근과 빠른 퇴근으로 5시에 퇴근할 수 있고, 아들은 유치원 이후 태권도장에서 시간을 보내고 있습니다. 세 가족이 다 같이 집에 모인 시각은 저녁 7시, 함께 저녁을 먹고 유치원 숙제를 한 후, 아이를 씻기고 재우고 나니 밤 10시입니다. 부부는 오붓하게 치맥이라도 하고 싶지만 내일 출근할 생각에 그냥 각자 맥주 한 캔씩 마시고 잠이 듭니다.

 그렇게 평일을 톱니바퀴처럼 맞물려 보내고 나니 주말에는 시가 행사가 있습니다. 시어머니 칠순으로 함께 1박 2일 여행을 다녀옵니다. 시부모님도 좋아하시고 아들도 좋아하고 행복했습니다.

 그런데 일요일 밤이 되자 부부는 몸이 힘들고 마음이 헛헛합니다. 단지 월요병 때문일까요? 게다가 월요일이 아침부터 주말의 여파로 아이가 열이 납니다. 톱니바퀴에서 나사 하나가 빠졌고, 마치 육각형처럼 보였던 이들의 일과에 금이 갔습니다.

 Y는 유별난 엄마인가요? 완벽주의에 빠져서 삶을 힘들게 사는 사람인가요? 아닙니다. 그저 이 시대를 살아가는 평범한 엄마이자 딸이자 며느리이자 직업인입니다. 자신에게 주어진 역할을 모두 어떻게든 해내려고 분초를 다투며 사는 '강제로' 육각형 인간의 삶을 살아 내고 있는 이 시대의 엄마입니다.

저도 별반 다르지 않습니다. 진료실을 찾는 엄마 아빠의 모습도 다르지 않습니다. 그렇다면 우리는 어떻게 해야 할까요? 최대한 육각형 비슷하게라도 맞추기 위해 계속 고군분투해야 할까요? 아니면 조금은 둥그르슴하게, 약간씩은 내려놓고 실망도 시키면서 살아도 되는 걸까요?

> 하루 5분 힐링 필사

우리는 어떻게 해야 할까요?
최대한 육각형 비슷하게라도 맞추기 위해
계속 고군분투해야 할까요?
아니면 조금은 둥그르슴하게,
약간씩은 내려놓고 실망도 시키면서
살아도 되는 걸까요?

감정 돌보기 연습 "비슷한 감정을 느껴 본 적이 있나요?"
그 순간의 나를 위한 위로와 응원의 말을 건네 볼까요?

BIGGER
GRATEFUL

3장. Grateful
뿌듯함, 기쁨, 환희

처음으로 "엄마" 하고 불러 줬어.
세상을 다 가진 기분이야

네 눈에 비친 나
I SEE YOU

　그런 순간들이 있습니다. 아이와 눈이 마주친 그 순간, 아이의 눈 속에 내가 담겨 있는 것을 발견하는 순간들이요. 말도 못 하고 옹알대기만 하는 아이와 그저 방 안에서 뒹굴다가, 옷을 반쯤 헤친 채 아이를 수유하던 순간에, 비몽사몽 이게 꿈인지 생시인지 모르고 울고 있는 아이를 도닥이다가, 아이와 눈을 마주합니다. 그 순간은 누구에게 설명하기가 어렵습니다. 왜냐하면 논리적으로, 이성적으로 설명하기 어려운 순간들이거든요. 나와 내 아이만 알고 있는 순간이거든요. 말로는 설명하기 어렵지만 그저 마음으로, 눈빛으로 그리고 아이와 나누는 공기의 온도와 습도로 내 마음속에 저장되는 그러한 찰나의 순간이기 때문입니다.

　저도 그런 순간이 있었습니다. 늦잠을 잔 어느 주말이었어요.

이제 막 6개월이 된 아들과 함께 누워서 뒹굴고 있었습니다. 머리 위의 모빌을 함께 보면서 별것도 아닌 일에 웃고, 서로를 간질이고 있었죠. 밖에서는 아이의 아빠가 밥을 하고 있었고, 따스한 밥 냄새가 방 안으로 흘러들었습니다. 아빠가 흥얼거리는 익숙한 노랫소리를 아들과 제가 함께 듣고 있었어요. 아이와 저는 모로 누워 서로를 바라보았어요.

아이의 눈은 반짝반짝 빛나고 있었고, 그 눈 안에 정말 함박웃음을 지으며 웃고 있는 제가 보였어요. 아이를 사랑하는 제 마음과 저의 사랑을 받고 있는 아이, 그 사랑을 오롯이 느끼고 있는 아이의 행복함이 저에게 그대로 전달되는 순간이었어요. 영화 〈아바타〉에서 서로의 촉수가 연결되면서 의식과 의식, 무의식과 무의식이 연결되는 장면처럼요.

"I see you."

아이가 나를 알아보고 내 감정을 느끼고 있다는 것, 그리고 내 마음이 아이에게 전달되고 있다는 것, 아이와 나의 세상이 연결되었다는 것을 확신하는 순간이었어요. 바로 아이와 부모의 세상이 공유되는 상호주관적*Inter-subjectivity* 순간이죠.

육아란 그런 것이 아닐까요? 신체적으로 힘들고, 심리적으로도 지치고, 다른 물질적인 보상은 없지요. 하지만 그 무엇으로도 설명하기 어려운, 이전에는 느껴 보지 못한 벅찬 감동을, 그러한 찰나의 순간을 선사해 주는 것이 바로 육아의 맛 아닐까요?

   그 맛을… 잊으셨나요? 그렇다면 오늘만큼은 아무것도 하지 말고, 그저 나의 촉수를 아이의 촉수에 연결하는 순간을 위해 뒹굴어 보는 건 어떨까요?

> 하루 5분 힐링 필사

그 무엇으로도 설명하기 어려운,

이전에는 느껴 보지 못한 벅찬 감동을,

그러한 찰나의 순간을 선사해 주는 것이

바로 육아의 맛 아닐까요?

> 감정 돌보기 연습

"비슷한 감정을 느껴 본 적이 있나요?"
그 순간의 나를 위한 위로와 응원의 말을 건네 볼까요?

아이보다 조금 더 나은 어른이 되어야지

　아이는 걸음마를 배우기까지 수천 번을 넘어집니다. 처음에 넘어졌을 때, 아이는 아마도 깜짝 놀랐을 것입니다. 그 작은 몸이 바닥에 폭 쓰러지는 순간, 당황하고 놀라서 울음을 터뜨리기도 합니다. 여러 번 넘어지면서 조금 익숙해졌을지도 모르지만, 여전히 무서워서 잠시 주저앉기도 하고, 또다시 넘어질까 봐 머뭇거리는 모습도 보입니다. 하지만 아이는 그럴 때마다 웃음을 지으며 다시 일어나 걷기 연습을 합니다. 넘어져서 무릎이 까지고, 때로는 뒤로 넘어져 바닥에 머리를 꽝 찧으며 울기도 하지만, 금방 그치며 다시 일어나서 걷기 연습을 이어 나가죠. 그만큼 아이는 용기가 넘칩니다.

　아이에게는 두려움도 있지만 그보다 더 큰 용기가 있습니다. 실패를 두려워하지 않고, 넘어져도 다시 일어나는 그 모습에서 저는 진정한 용기를 배웁니다. 아이는 자신에게 주어진 한계를 절대 두려워하지 않습니다. 오히려 그 한계를 넘기 위한 도전 정신으로 가득하기만 합니다. 그래서 저는 그런 아이가 너무나도 대견하고 자랑스럽게 느껴집니다.

　아이에게는 편견이 없습니다. 세상에 태어난 지 얼마 되지 않았지만, 아이는 상대가 가진 것이 많든 적든, 장애가 있건 없건, 남자이건 여자이건, 행색이 좋든 그렇지 않든 그 무엇도 중요하지 않습니다. 아이는 눈앞에 있는 모든 사람을 공평하게 대합니다. 겉모습에 신경 쓰지 않습니다. 눈을 마주치고 웃음을 나누며, 반가워합니다. 사람의 외모나 신분보다 그 사람이 가진 진심에 더 집중합니다. 아이는 세상에서 가장 순수한 마음으로 사람을 대합니다. 그렇게 사람들을 대할 수 있다는 사실이 얼마나 대단한 건지 모를 것입니다. 세상에는 수많은 차별과 편견이 있지만 아이는 그것들과는 상관없이 항상 사람을 사람답게 대합니다. 그 마음에 저는 자꾸만 감동을 받습니다.

　아이에게는 솔직함이 있습니다. 말은 못하지만, 손짓발짓 그리고 표정만으로도 자신이 무엇을 원하는지, 무엇을 느끼고 있는지를 표현하려 애씁니다. 아이는 온몸으로 자기를 표현하려 합니다. 웃음, 울음, 손을 내밀고 고개를 갸웃하는 모습으로 아이는 자신의 생각을 전달하려고 합니다. 아이가 표현하려는 그 작은 행동 하나하나가 진지하고 간절합니다.

어른들은 쑥스러워서 '사랑한다'는 말을 잘 하지 못합니다. 하지만 아이는 그런 표현에 아무런 거리낌이 없습니다. 아직 말이 트이지 않아 말로 표현하지 못해도 행동 하나하나로 사랑을 표현합니다. 때로는 손을 잡고, 때로는 얼굴을 가까이 가져가고, 때로는 자기 손에 쥔 음식을 나눠 주며 그 사랑을 전하려고 애씁니다. 그런 사랑이 제 마음을 녹이고 저는 하루하루 감사함을 느낍니다.

세상을 살다가 너무 힘들고 괴로울 때, 모든 것을 포기하고 싶고 더는 재미가 없다고 느낄 때가 있습니다. 그럴 때마다 저는 아이를 바라봅니다. 아이는 아무리 넘어지고 또 넘어져도 그저 웃으며 다시 일어나 걷기 연습을 합니다. 그 모습을 보고 있으면 제 자신이 너무 부끄러워집니다. 포기하고 싶은 마음, 편견을 가지고 있는 마음, 사랑하는 사람에게 고맙고 사랑한다고 표현하지 못하는 내 모습이 너무 부끄럽습니다. 아이는 그런 모든 감정을 뛰어넘어 매일을 살아가고 있는데 말이죠.

아이의 그 순수한 마음을 보며, 부모로서 그리고 한 인간으로서 다짐해 봅니다. 아이보다 조금은 더 나은 어른이 되어야겠다고. 그렇게 오늘도 이 작은 존재에게 배우며 감사한 마음을 느끼며 하루를 시작합니다.

> 하루 5분 힐링 필사

아이의 그 순수한 마음을 보며,

부모로서 그리고 한 인간으로서 다짐해 봅니다.

아이보다 조금은 더 나은 어른이 되어야겠다고.

> 감정 돌보기 연습

"비슷한 감정을 느껴 본 적이 있나요?"
그 순간의 나를 위한 위로와 응원의 말을 건네 볼까요?

부모의 말 한마디가
아이를 자라게 합니다

"엄마 최고!" "아빠만 있으면 돼!"

아이의 입에서 나오는 이런 말 한마디에 우리 마음이 얼마나 따뜻해지던가요. 아이도 부모의 말 한마디에 그렇게 따뜻함을 느낍니다. 당신이 하는 말 한마디가 아이의 하루를 바꾸고, 마음을 키우고, 삶 전체의 자존감으로 자라납니다.

우리는 때로 이런 생각을 하죠.

'내 말이 정말 그렇게 큰 영향을 줄까?' '칭찬한다고 아이가 더 튼튼해지나?'

네, 맞습니다. 당신의 말은 생각보다 훨씬 더 큰 힘을 갖고 있어요. 부모의 말은 아이에게 세상에서 가장 믿을 수 있는 목소리입니다. 그리고 그 믿음 안에서 아이는 자라고, 도전하고, 실패를 견디며 다시 일어설 수 있게 됩니다.

그러니 기회가 있을 때마다 아이를 향해 긍정의 말, 칭찬의 말을 건네세요.
"네가 아까 동생 도와주는 거 보고 정말 기뻤어."
"혼자서 끝까지 해 보려고 한 거, 엄마는 그게 제일 대단하다고 생각해."
그 말은 아이의 마음 깊이 저장되어 넘어지거나 실패했을 때 '그래도 나는 괜찮은 사람이야'라고 생각할 수 있는 힘이 됩니다. 그 힘이 바로 아이 마음의 근육이 됩니다.

하루하루 쌓인 긍정적인 부모의 말은 아이 마음의 영양분이 되어, 이후 역경에 처했을 때, 외부에서 공격을 받을 때도 다시 일어설 힘이 됩니다. 바로 시련을 견디는 튼튼한 기본 체력, 마음의 근력이죠.

물론 이러한 말의 힘은 어떨 때는 부모에게 부담처럼 느껴질 수도 있습니다.
'내가 제대로 말하고 있는 건가?'
'매일 칭찬을 하는 건 좀 과한 거 아닐까?'
하지만 반대로 생각해 보세요. 내가 하는 말만으로도, 아이의 마음 근육을 더욱 단단하게 만들 수 있다니, 얼마나 놀라운 일인가요? 이런 놀라운 경험을 할 수 있는 기회를 괜한 걱정으로 버리지 마세요. 누군가에게 내 말이 이렇게나 크고 절대적이며 강력한 힘을 발휘했던 적이 있나요? 그런데 우리 아이는 아무런 조건 없이 부모의 말을 받아들입니다. 아이들은 부모를 너무너무 사랑하니까요. 그리고 부모의 말을 믿으니까요. 아이는 사실 자신의 생각이나 스스로 하는 말보다도 부모의 말을 더 신뢰하고 있는 경우가 많습니다.

오늘 아이가 당신을 바라볼 때 진심을 담아 이렇게 말해 주세요. "오늘도 너를 보고 있으니 행복해. 네가 내 아이여서 정말 고마워."

당신의 따뜻한 말 한마디, 그것이 바로 아이 마음의 단단한 뼈대가 되어 줍니다.

(하루 5분 힐링 필사)

부모의 말은 아이에게 세상에서 가장 믿을 수 있는 목소리입니다.
그리고 그 믿음 안에서 아이는 자라고, 도전하고,
실패를 견디며 다시 일어설 수 있게 됩니다.

(감정 돌보기 연습) "비슷한 감정을 느껴 본 적이 있나요?"
그 순간의 나를 위한 위로와 응원의 말을 건네 볼까요?

나의
피로 회복제

　네가 조그마한 손으로 내 손가락을 꼭 잡아 줄 때면, 나는 세상에서 가장 필요한 사람이 된 것 같은 기분이 든단다. 무기력하고 실수투성이였던 내가 누군가의 전부가 될 수 있다는 사실이 믿기지 않을 만큼 커다란 위안이다. 그 작은 손 하나에 내가 살아야 할 이유가, 숨을 고를 수 있는 여유가, 세상의 모든 무게를 잠시 내려놓게 하는 따뜻함이 담겨 있다.

　네가 까르륵 웃을 때면, 일부러 간지럼을 태우고 싶어진다. 세상에서 가장 순수하게 나를 웃게 만들고, 나도 너를 웃기고 싶어진다. 엉덩이를 들썩이며 나를 향해 아장아장 오는 모습을 보면, 내가 이토록 반가운 존재일 수 있구나 싶어 벅차오른다. 하루의 피곤함이, 감성의 찌꺼기들이 한순간에 사라진다. 그 어떤 치유의 방식보다도 빠르고 정확하게 내 마음을 회복시키는 존재. 너는 정말, 진심으로 대단한 능력자다.

　피로를 주는 동시에 피로를 회복시키는 아이러니한 존재. 마치 고단한 삶에 주어진 특별한 약과 같은 존재. "인정한다. 너 없이는 못 살겠다." 하고 중얼거리는 내 모습을 스스로 보며 웃게 된다. 이 사랑은 계산이 없다. 이유도 조건도 없다. 내가 너를 안고 있는 것 같지만, 실은 네가 나를 붙잡고 버티게 해 주고 있다.
　너의 그 작은 몸짓, 조잘조잘 쏟아 내는 말, 숨 막힐 정도로 귀여운 표정 하나하나를 내 마음 깊숙이 저장해 두려고 한다. 살아가면서 힘든 일이 생길 때마다 그 장면들을 꺼내어 지우개로 삼을 거다. 상처를 지우고, 불안을 지우고, 나약한 마음을 지울 수 있는 나만의 지우개.
　예전의 나는 사소한 일에도 쉽게 무너지고, 의미 없는 비교 속에서 나를 깎아내리기 바빴다. 부족하고 못난 나 자신을 인정하기 싫어 괜히 세상 탓을 하기도 했고, 사랑을 받아도 믿지 못하는 사람이었다. 그런데 너는 나를 있는 그대로 사랑해 준다. 실수해도 용서받을 수 있다는 것을, 아파도 다시 일어설 수 있다는 것을, 너는 있는 그대로 나에게 가르쳐 준다.

　"엄마, 내가 있어 행복하지?"라고 묻던 너의 말에 대답하지 못하고 눈물이 났다. 그래, 너 때문에 행복하고 너 덕분에 강해졌어. 너로 인해 나는 매일 조금씩 더 나은 사람이 되어 가고 있어. 나보다 너를 먼저 생각하고, 내가 얼마나 큰 사랑을 할 수 있는 사람인지 새롭게 깨닫게 되니까.

  나는 너의 과거이자 오늘이고, 네가 기억할 가장 가까운 어른이다. 너의 거울처럼 살아야겠다고 다짐한다. 무너지지 않겠다고, 못난 나를 너에게 물려주지 않겠다고, 너의 미래에 빛이 되어 주는 사람이 되겠다고.

  세상은 여전히 녹록지 않지만, 나를 지켜 주는 단단한 사랑이 있다. 그게 바로 너야. 네가 존재하는 것만으로도 나는 더 강해질 수 있어. 사랑이란 게 결국 누군가의 이유가 되어 주는 거라면, 너는 내가 살아가는 모든 이유야.

  고맙고, 사랑한다. 내 인생 최고의 피로 회복제, 나의 아이야.

(하루 5분 힐링 필사)

사랑이란 게 결국 누군가의 이유가 되어 주는 거라면,

너는 내가 살아가는 모든 이유야.

(감정 돌보기 연습) "비슷한 감정을 느껴 본 적이 있나요?"
그 순간의 나를 위한 위로와 응원의 말을 건네 볼까요?

아이가 내 곁에 있는 것은 당연한 일이 아닙니다

 우리는 때때로 주변의 소중한 것들을 너무 쉽게 당연하다고 여깁니다. 아무 일 없이 흘러가는 하루하루, 늘 곁에 있는 사람들, 그리고 무엇보다 우리 곁에서 숨 쉬고 울고 웃는 아이의 존재까지도 말입니다. 소중한 사람에 대한 고마움은 놀랍도록 쉽게 잊힙니다. 백 번 잘해 준 것보다 한 번 실수한 일에 더 민감하게 반응하고, 그 한 번의 서운함을 고치려고 애쓰는 게 바로 우리입니다.

 아이 역시 마찬가지입니다. 아이가 짜증을 내거나 부모 뜻대로 움직여 주지 않을 때, 그 존재의 기적을 잊은 채 서운해하고 화내는 자신을 발견하게 됩니다. 그러나 생각해 보세요. 아이는 결코 '당연히' 우리 곁에 온 존재가 아닙니다. 아이는 그야말로 기적입니다.

 사연임신의 경우, 약 2억 마리의 정자 중 단 하나가 난자에 도달해 수정되는 과정으로, 정확한 배란 타이밍을 맞췄을 때에도 임신 확률은 약 30% 정도에 불과합니다. 인공수정이나 체외수정 같은 과학의 힘을 빌린 경우에도 그 확률은 생각보다 높지 않습니다. 단순히 '운이 좋았다'라고 말하기엔 너무나 수많은 우연과 신비가 겹쳐 탄생한 것이 바로 우리 아이입니다. 로또보다도 희박한 확률을 뚫고 우리 곁에 온 기적입니다.

영화 〈어바웃 타임〉에서는 주인공이 과거로 돌아갔다 현재로 다시 돌아오는 능력을 갖고 있습니다. 그가 사랑하는 사람과 만나 결혼하고, 드디어 아이를 갖게 됩니다. 그런데 어떤 이유로 아이가 태어나기 전의 과거로 잠시 돌아갔다 다시 현재로 돌아오자, 아이가 다른 모습으로 바뀌어 있었습니다. 아이는 한순간의 차이로 완전히 달라질 수 있었던 것입니다.

이처럼 지금 내 앞에 있는 아이는 그렇게 수많은 변수와 우연, 그리고 찰나의 선택들이 쌓여 만들어진 하나뿐인 인연입니다. 불교에서는 부모와 자식의 인연을 '전생에서 맺어진 업'이라 말합니다. 그만큼 이 관계는 무겁고, 깊고, 또 소중한 것입니다.

그러니 아이가 내 옆에 있다는 사실을 절대로 당연하게 여기지 말아야 합니다. 아이의 존재를 선물처럼, 보물처럼 바라보아야 합니다.

제가 좋아하는 작가 황영미 님의 에세이에 이런 구절이 있습니다.

> 만일 가족관계증명서에 등재된 부모는 대리 양육자라는 인식이 합의되면 세상이 좀 좋아지지 않을까 하는 상상도 해본다. 자식을 존중하는 마음이 저절로 생길 테고, 자신의 소유물로 생각하지도 않을 테고, 체벌 같은 건 꿈도 못 꾸게 될 테니까.
>
> _황영미, 《사춘기라는 우주》, 허밍버드, 2022, 20쪽

이 구절을 처음 읽었을 때, 참 오래도록 마음에 남았습니다. 아이는 내 소유물이 아닙니다. 내가 세상에 잠시 머무는 동안, 우주 안드로메다 어딘가에서 나를 찾아와 함께 시간을 보내는 소중한 존재입니다. 우리는 단지 그 아이가 세상을 제대로 살아갈 수 있도록 돕는 '대리 양육자'일 뿐입니다.

결국 아이는 성장하고, 성인이 되어 우리의 품을 떠날 것입니다. 육아의 궁극적인 목표는 '아이의 독립'에 있습니다. 아이를 더 이상 우리 품에 묶어 두지 않고, 스스로의 삶을 살아가도록 응원하는 것. 그것이 진짜 부모의 역할일 것입니다. 그런 의미에서 오늘 우리에게 주어진 이 하루는 다시는 오지 않을 하루라는 것을 깨달아야 합니다. 아이가 내 곁에 있다는 사실을 기적처럼 여겨야 합니다. 아이가 오늘 짜증을 내고, 실수를 하고, 말대꾸를 하고, 심

지어 나를 서운하게 하더라도…. 그것이 아이가 내 옆에 살아 숨 쉬고 있기 때문에 가능한 일임을 기억하세요. 말을 주고받고, 감정을 느끼고, 때로는 부딪히기도 하는 이 모든 과정이 결국은 함께 살아 있는 사람과 사람 사이에서만 일어날 수 있는 일임을 기억하세요.

'원래 그런 일'은 세상에 없습니다. 아이와 함께 있는 이 순간조차도 결코 당연한 것이 아닙니다. 오늘 하루 아이와 연결되어 있는 이 인연에 감사하며 살아 봅시다. 그리고 이 기적 같은 인연을 잊지 않고 살아가려는 스스로를 따뜻하게 토닥여 줍시다.

> 하루 5분 힐링 필사

육아의 궁극적인 목표는 '아이의 독립'에 있습니다.
아이를 더 이상 우리 품에 묶어 두지 않고,
스스로의 삶을 살아가도록 응원하는 것.
그것이 진짜 부모의 역할일 것입니다.
그런 의미에서 오늘 우리에게 주어진 이 하루는
다시는 오지 않을 하루라는 것을 깨달아야 합니다.
아이가 내 곁에 있다는 사실을 기적처럼 여겨야 합니다.

감정 돌보기 연습   "비슷한 감정을 느껴 본 적이 있나요?"
그 순간의 나를 위한 위로와 응원의 말을 건네 볼까요?

뿌듯함을
느끼는 순간들

 아이를 낳으면 세상을 다 가진 것 같은 기분이 든다고들 합니다. 하지만 막상 육아를 시작하면 그런 감정이 매일같이 찾아오는 것은 아닙니다. 오히려 하루하루는 정신없이 지나가고, 때로는 지치고 힘들고, '이게 맞나' 싶을 때도 많습니다.

 그러다 문득, 아주 작은 순간에 가슴을 벅차게 채우는 뿌듯함이 몰려올 때가 있습니다. 그 느낌은 마치 거대한 파도가 불쑥 밀려오는 것처럼 우리를 감싸안습니다.

아이가 나를 향해 해맑게 웃어 줄 때

 아무 조건 없이, 나를 향해 세상에서 가장 환한 웃음을 터뜨려 줄 때, 나는 세상의 스포트라이트를 한 몸에 받는 연예인도 부럽지 않습니다. 그 웃음 안에 담긴 신뢰와 사랑은 수천만 관객으로 가득 찬 그 어떤 화려한 무대보다 반짝입니다. 아이가 보내는 그 작은 미소 하나에 세상의 무게를 다 내려놓게 됩니다. '아, 이 아이가 내 아이구나!' 그 사실 하나만으로도 세상 무엇도 부럽지 않은 순간이 찾아옵니다.

'인생에서 가장 소중한 것은 손에 잡히지 않는 것들이다'라는 말처럼, 작고 따스한 웃음 하나가 내 인생을 환하게 밝힙니다.

🌿 아이가 새로운 것을 경험할 때

아이에게 세상은 매일이 신기하고 새롭습니다. 처음 먹어 보는 음식 맛에 놀라 깜박이며 웃을 때, 첫눈이 내린 날 작은 발로 사각사각 눈 밟는 소리를 들을 때, 처음으로 두 바퀴 자전거를 혼자 타고 달릴 때…. 그 모든 '처음'의 순간들이 눈앞에서 펼쳐질 때, 마치 빈 캔버스에 예쁜 그림을 하나하나 그려 넣는 것처럼 아이와 함께 나도 세상을 새로 배우는 느낌이 듭니다. 그럴 때 나는 깨닫습니다. '이 아이를 통해 나는 또 다른 삶을 살아가고 있구나!' 내가 잊고 지냈던 작은 기쁨들, 사소한 감동들을 다시 느끼게 해 주는 존재, 그게 바로 내 아이구나 싶습니다.

🌿 아이가 다른 사람에게 도움을 줄 때

작은 손으로 할머니 신발을 챙겨다 드리거나, 부모가 힘들어 보이면 옆에 와서 "괜찮아요?" 하고 묻거나, 어린 동생에게 장난감을 양보할 때. 그런 모습을 볼 때마다 가슴 깊숙한 곳에서 뜨거운 무언가가 올라옵니다. '이 작은 아이가 벌써 이런 따뜻함을 알고 있구나.'

'사람의 가치는 얼마나 많이 받느냐가 아니라, 얼마나 많이 주느냐에 달려 있다'는 말을 떠올리며, 아이의 작은 손길에 담긴 커다란 사랑을 느낍니다.

'벌써 이렇게 컸네.'
'언제 이렇게 의젓해졌지?'
하루하루를 겨우겨우 버텨 낸 것 같은데, 돌아보니 아이는 어느새 한 뼘 더 성장해 있습니다. 그 모든 시간을 함께 견뎌 낸 나 자신도 함께 자라 있었다는 걸 깨닫습니다. 육아는 때로 반복되고 지루하고 힘든 일의 연속처럼 느껴지지만, 그 속에는 세상의 어떤 보석보다 빛나는 순간들이 숨어 있습니다.

아이를 키우면서 언제 가장 뿌듯함을 느꼈나요? 아마도 특별한 날이 아니라, 평범한 하루의 한 귀퉁이에서 찾아오는 작은 순간들일 것입니다. 오늘도 아이는 우리 곁에서 조심조심 세상을 배우고, 우리는 그런 아이를 바라보며, 조금 더 따뜻하고 단단한 사람이 되어 갑니다.

> 하루 5분 힐링 필사

육아는 때로 반복되고 지루하고 힘든 일의 연속처럼 느껴지지만,
그 속에는 세상의 어떤 보석보다 빛나는 순간들이 숨어 있습니다.

> 감정 돌보기 연습   "비슷한 감정을 느껴 본 적이 있나요?"
> 그 순간의 나를 위한 위로와 응원의 말을 건네 볼까요?

아이의 첫 세상을 함께하는 부모만의 특권

아이가 세 돌쯤 되었을 때였을까요. 남편과 정말 말도 안 되는 일로 다툰 적이 있습니다. 주말에 학회 일로 잠깐 나갔다가 돌아왔는데 글쎄, 남편이 아들과 함께 자장면을 배달시켜 먹고 있는 것이 아니겠어요? 아이는 얼굴에 자장소스 범벅이 된 채로 행복한 표정을 짓고 있고, 그런 아이를 보며 남편은 연신 카메라로 사진을 찍고 있었습니다. 남편은 신이 나서 "자기야, 우리 아들 자장면 엄청 잘 먹어." 하며 저를 반겼습니다.

저는 부글부글 화가 났습니다. 제가 왜 화가 났는지, 여러분은 짐작이 되시나요? 어떻게, 어떻게 아들의 첫 자장면을 저 없이 시작할 수가 있냐는 겁니다! 단 한 번뿐인 아들의 인생 첫 자장면을 말이죠! 이런 일생일대의 중대한 일을 남편이 저와는 상의도 없이, 혼자서만 독차지했다는 게 화가 나고, 그 순간에 제가 없었다는 것이 너무나 속상했습니다.

  첫사랑, 첫 이별, 첫 졸업, 첫 여행…. 우리에게 처음이라는 것은 굉장히 중요한 의미를 가집니다. 서툴지만 순수했고, 낯설지만 강렬했던 그 순간들이 모여 지금의 우리를 만들어 냅니다. 우리는 누군가에게 처음이고 싶습니다. 그만큼 처음이 주는 의미가 크고, 한 사람의 기억과 삶에 깊이 남는다는 것을 알기 때문이죠. 그래서 부모는 실로 어마어마한 특권을 가지게 됩니다. 아이가 처음으로 소리를 낸 순간, 처음으로 몸을 뒤집은 순간, 처음으로 엄마라고 부른 순간, 처음으로 자장면을 먹은 순간…. 아이의 인생에 길이 남을 '처음'의 순간들에 함께할 수 있다는 것, 생각해 보면 정말 대단하지 않나요?

  심지어 우리는 그 처음의 순간들을 선택하여 아이에게 안겨 줄 수 있습니다. 아이가 바다를 마주하는 첫 순간, 차가운 계곡에 발을 담그는 첫 순간, 하늘에서 펑펑 내리는 눈을 맞는 첫 순간…. 부모의 눈길이 머무는 곳으로 아이의 시선을 이끌 수 있는 신비한 능력이 우리 부모에게는 있습니다.

  "우아, 저기 봐. 무당벌레가 기어간다!"

  "선우야, 빨간 해가 바다 위에 떠 있네. 잠자러 가는 해한테 인사하자."

  자장면을 비벼서 한입 가득 넣는 일, 수영장 물에 얼굴을 담가 보는 일, 기차를 타 보는 일, 입안에서 사르르 녹는 아이스크림을 먹어 보는 일…. 부모는 아이에게 행복한 첫 기억을 선물할 수 있습니다. 이러한 평범하고 소소한 일에도 아이는 세상을 다 가진 것처럼 기뻐하고 즐깁니다. 그렇게나 좋아하는 아이를 보면, 그 순간을 안겨 준 나 자신이 마치 위대한 신이라도 된 것처럼 느껴지지 않나요? 아이들에게 부모님은 그렇게 기억될 것입니다. 신비하고 위대한 능력이 있는 사람으로요.

 기억해야 할 것은 우리의 이러한 신비한 능력은 기간이 유한하다는 것입니다. 부모가 아이의 처음을 함께할 수 있는 시간, 부모가 보여 주고 경험하게 해 주고 싶은 순간을 아이가 받아들이는 데는 유효기간이 있습니다. 그 기간을 충분히 남김없이 활용하세요. 낭비하지 말고 매 순간을 꽉꽉 채워, 아이뿐 아니라 부모의 행복 곳간에도 넣어 주세요. 함께 맞은 아이의 첫 순간들은 부모에게도 아주 특별한 시간으로 오래오래 남을 테니까요.

> 하루 5분 힐링 필사

함께 맞은 아이의 첫 순간들은

부모에게도 아주 특별한 시간으로 오래오래 남을 테니까요.

> 감정 돌보기 연습

"비슷한 감정을 느껴 본 적이 있나요?"
그 순간의 나를 위한 위로와 응원의 말을 건네 볼까요?

함께하는 오늘이
가장 귀한 날입니다

"선생님, 지금 너무 힘들어요. 애가 조금 더 크면 나아지겠죠?"

진료실에서 종종 듣는 질문에 저는 웃으며 이렇게 대답합니다.

"네, 크면 좀 나아져요. 하지만 그때는 또 다른 게 아쉽고 그립기도 해요."

아이를 키우는 하루하루는 지나고 나서야 가장 눈부셨다는 걸 알게 됩니다. 그때는 너무 힘들어서 몰랐던 시간들, 하지만 결코 다시 돌아오지 않는 그 시절이요.

저도 아이와 하루를 보냅니다. 밥 먹이랴, 옷 입히랴, 끊임없이 쏟아지는 요구에 하루가 순식간에 지나갑니다. 가끔은 '도대체 내가 오늘 한 일은 무언가' 싶을 정도로 하루가 무의미하게 느껴지고 지치는 날도 있습니다.

그런데요, 그렇게 바쁜 일과에 허덕이며 겨우 재운 아이의 얼굴을 보면 이상하게도 이런 생각이 듭니다. '이 아이가 내 품을 찾는 시간은 어쩌면 오래가지 않겠구나.'

육아의 목표는 무엇일까요? 소아정신과 의사들은 입을 모아 말합니다. "육아의 목표는 자녀의 독립이다."

아이들은 생각보다 훨씬 빨리 자랍니다. 이제 막 뒤집기를 하던 아기가 어느새 마주 앉아 이야기를 나누고, 학교에 가고, 내 손을 놓고 혼자 길을 걸어갑니다. 먹이고 입히고 씻기고 혼내고 칭찬하고…. 그렇게 매일을 살아가다 보면 아이는 어느새 내 손을, 내 곁을 떠납니다. 자녀가 부모를 떠나 스스로 잘 살 수 있도록 독립적이고 성숙한 인간으로 자라나게 하는 것이 바로 우리 부모의 최종 목표입니다.

지금 우리가 겪는 수많은 소란과 혼란, 지친 한숨과 반복되는 일상, 그것들은 언젠가는 끝이 있다는 뜻이지요. 그러니 지금을, 오늘을, 지나면 두 번 다시 오지 않을 '함께하는 시간'을 놓치지 않으셨으면 좋겠습니다.

저는 아이 때문에 진료실을 찾은 부모님께 가끔 이런 질문을 드립니다.

"아이랑 가장 많이 웃을 때가 언제인가요?"

"요즘 아이가 가장 좋아하는 건 무엇인가요?"

질문 앞에서 잠시 멈추어 생각하는 눈빛을 보면 저는 마음속으로 응원하게 됩니다.

우리는 '더 좋은 부모'가 되려고 너무 많은 것들을 좇습니다. 정보, 비교, 미래, 계획…. 그 사이에서 아이의 지금 모습은 놓쳐 버리곤 하죠. 하지만 진짜 좋은 부모는 아이와의 오늘을 함께 살아나가는 사람입니다. 그리고 오늘이 모여 아이의 인생이 만들어집니다.

지금 이 순간 아이와 나눈 대화, 함께 웃은 장면, 아이의 입가에 묻은 밥풀까지도 훗날 가장 선명하게 떠오를 기억이 될지 모릅니다. 그러니 너무 먼 미래만 보지 마세요. 오늘 아이가 옆에 있다는 사실을 한 번 더 마음에 새겨 보세요. 이 시간은 다시 오지 않습니다. 그렇기에 오늘이 가장 귀한 날입니다.

(하루 5분 힐링 필사)

너무 먼 미래만 보지 마세요.

오늘 아이가 옆에 있다는 사실을 한 번 더 마음에 새겨 보세요.

이 시간은 다시 오지 않습니다. 그렇기에 오늘이 가장 귀한 날입니다.

(감정 돌보기 연습)　"비슷한 감정을 느껴 본 적이 있나요?"
　　　　　　　　　그 순간의 나를 위한 위로와 응원의 말을 건네 볼까요?

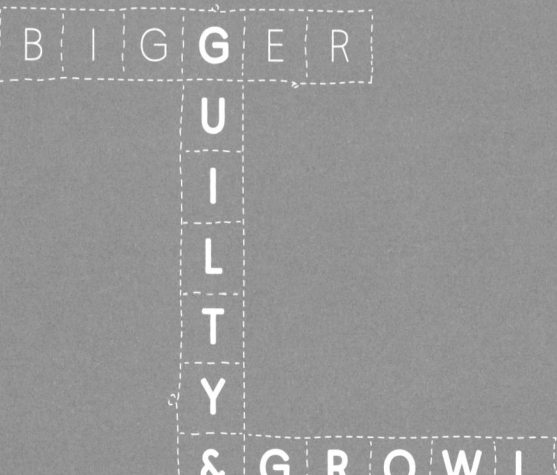

4장. Guilty & Growl
죄책감, 분노

또 아이에게 버럭 소리를 질렀어.
나는 왜 이 모양일까?

오늘 나는 아이에게
어떤 말을 건넸나요?

아이에게 오늘 어떤 말을 했는지 기억하시나요?

"그만 좀 해. 진짜 왜 이렇게 말을 안 들어."

"그렇게 하면 사람들이 널 싫어할 거야."

"그걸 왜 또 흘리고 난리야."

말은 휘발되는 것 같지만 사실은 그렇지 않습니다. 특히 부모의 말은 아이의 마음에 오래 남아 흔적을 남깁니다. 어떤 말은 사랑의 증표가 되어 남지만, 또 어떤 말은 상처가 되어 오래도록 남기도 하지요.

프랑스 소설 《어린 왕자》에는 이런 대사가 나옵니다.

"네가 길들인 것에 대해 끝까지 책임져야 해."

우리는 아이를 돌보고, 아이는 우리에게 길들여졌습니다. 아이에게 가장 영향을 많이 주는 존재, 가장 가까이에서 아이를 길들이는 존재는 바로 부모입니다. 그렇기에 부모의 말에는 책임이 따릅니다.

"저는 그렇게 심하게 하진 않았는데요."
"애가 예민해서 그런가 봐요."
"조금 세게 말하기는 했지만, 그렇게까지…."

우리는 종종 잊곤 합니다. 때로는 부모의 말이 외과 의사의 칼처럼 날카로울 수 있다는 것을요. 정확히 어디를 절개해야 하고, 어떻게 봉합해야 하는지 아는 사람만이 그 칼을 제대로 쓸 수 있습니다. 그렇지 않다면 그 칼은 누군가에게 깊은 상처를 남깁니다.

아이도 마찬가지입니다. 말 한마디가 아이의 마음을 찌르고, 그 마음속엔 작은 흉터 하나가 남습니다. 아이들은 그것을 잊지 않습니다.

김춘수 시인의 〈꽃〉에 나온 시구처럼 부모의 말은 아이에게 다가가 꽃이 됩니다. 반대로 아이를 시들게도 하지요. 우리가 아이를 어떻게 부르고 어떻게 말해 주는지가 아이의 자존감을 만들고 삶의 방향을 결정짓기도 합니다.

오늘 내가 한 말을 되새겨 봅시다. 나는 아이에게 자신감을 키워 주는 말을 했나요? 아니면 두려움과 위축을 남기는 말을 했나요?

누구나 완벽할 수는 없습니다. 때로는 감정에 휩쓸려 다그치고 말실수도 합니다. 그럴 때는 늦기 전에 사과하고 다시 말해 주세요.

"아까는 엄마가 화가 나서 진심이 아닌 말을 해 버렸어. 미안해."

부모의 진심 어린 말은 아이의 상처를 회복시킬 수 있습니다. 아이는 부모도 실수하는 사람이라는 것을 배우고 또 용서하는 법도 알게 됩니다.

오늘 아이에게 어떤 말을 건넸나요? 만약 그 말을 내가 들었다면 어떤 기분이었을까요? 내일은 외과 의사가 메스를 다루듯, 아이에게 건네는 말을 조금만 더 조심스럽게 골라 보세요. 처음에는 어색하고 서툴더라도 점점 아이를 존중하는 따뜻한 말을 더 많이 건넬 수 있게 될 거예요. 최고 실력의 외과 외사도 셀 수 없는 훈련을 통해 탄생하듯 우리도, 부모도, 연습하면 나아집니다.

> 하루 5분 힐링 필사

우리는 아이를 돌보고, 아이는 우리에게 길들여졌습니다.
아이에게 가장 영향을 많이 주는 존재, 가장 가까이에서
아이를 길들이는 존재는 바로 부모입니다.
그렇기에 부모의 말에는 책임이 따릅니다.

> 감정 돌보기 연습

"비슷한 감정을 느껴 본 적이 있나요?"
그 순간의 나를 위한 위로와 응원의 말을 건네 볼까요?

잠든 아이를 보고
눈물을 흘리던 날

　하루에도 수십 번 부모의 마음을 들었다 놨다 하는 게 바로 아이입니다. 아침에 눈을 뜨자마자 짜증을 내기도 하고, 혼자 장난치며 놀다가 갑자기 소리칠 때도 있고요. 열심히 만들어 놓은 음식을 입에 대자마자 퉤퉤 뱉어 내기도 합니다. 아이는 뱃속에 있을 때가 가장 편하다고 했던가요? 자기 멋대로 엄마를 조종하려 하고 원하는 것은 뭐든지 들어달라는 아이, 들어주지 않으면 울고 떼쓰고 일을 더 크게 벌리는 아이. 어쩔 수 없죠. 내가 낳았으니까요.

　아이는 한시도 나를 가만두지 않습니다. 고단한 일을 끝내고 나서 잠시 숨을 돌리려고 자리에 앉자마자 "엄마 놀아 줘." 하며 달려들죠. 그렇게 아이 손에 이끌려 무거운 몸으로 놀이터에 나갑니다. 친구들과 놀면 좀 낫겠지, 놀이기구를 타면 나를 가만히 놔둬 주겠지. 하지만 이내 들리는 울음소리, 아이가 친구를 밀쳤습니다. 넘어진 친구 옆에서 태연하게 놀고 있는 아이, 죄송함은 엄마의 몫입니다. 넘어진 친구의 부모님께 미안하고 죄송해서 더 큰 소리로 아이를 혼냅니다. "너 정말 왜 이래. 왜 이렇게 말을 안 듣는 거야. 엄마가 친구 밀면 안 된다고 했지?"

대성통곡하는 아이를 잡아끌고 집으로 데리고 옵니다. 흙투성이가 된 아이를 화장실에 데리고 들어가 씻깁니다. 뭐가 억울한지 아이는 계속 울고 나는 더 화가 납니다. 도대체 언제까지 이렇게 키워야 하지? 언제쯤이면 알아서 할까? 씩씩대던 아이가 자기 분에 못 이겨 울다가 목욕탕에서 미끄러질 뻔합니다. 가슴이 철렁합니다. "야!" 놀란 나머지 엄마는 더 크게 소리를 지르고, 아이도 덩달아 놀랍니다. 아이는 소리 내어 울고 엄마는 마음으로 울고 있습니다. 아빠가 들어오자마자 내팽개치듯 아이를 맡기고는 방으로 들어와 버립니다. 꼴도 보기 싫어, 나 좀 내버려둬. 제발….

그런 날이 있습니다. 모든 게 마음대로 안 되는 날. 아이가 나를 힘들게 하고 잘하던 것도 안 하고, 일부러 엄마를 골탕 먹이는 것만 같습니다. 그렇다고 다른 누구를 탓할 수도 없습니다. 내 새끼니까 모른 체할 수도 없습니다. 어느 부모나 참다 참다가 아이에게 버럭 화를 내는 순간이 있습니다. 그런데 더 슬프고 화나는 건

뭔지 아세요? 그렇게 버럭 화를 내 버리면, 내 마음이 더 아프다는 겁니다. 나는 왜 참지 못하고 화를 냈지? 왜 아무것도 모르는 아이에게 소리를 질렀지? 나는 진짜 왜 이 모양일까? 스스로에 대한 자괴감은 점점 깊어져서 어떤 날에는 자기혐오에 빠지기도 합니다. 아이와 애착 관계가 무너지면 어쩌지? 나는 좋은 엄마가 아닌가 봐. 나는 혹시 아이를 사랑하지 않는 걸까?

그저 멈추세요. 그런 날도 있는 겁니다. 누구나 화가 날 수 있습니다. 아무리 사랑하는 아이라도 미울 수 있습니다. 부모도 사람이니까요. 엄마의 감정도 자연스럽게 발생하는 것이니까요. 아이들은 부모를, 특히 엄마를 '사용USE'합니다. 자신의 의식주를 채워 주는 사람으로 사용했다가, 자기의 이불로 사용했다가, 방패막이로 사용했다가, 시녀처럼도 사용했다가, 필요가 없을 때는 가차 없이 모른 체하기도 합니다. 그게 아기입니다. 세상에서 가장 이기적인 존재인 거죠. 그런 이기적인 존재를 우리가 낳은 겁니다. 오죽하면 도널드 위니코트가 쓴 〈엄마가 아기를 미워할 수밖에 없는 18가지 이유〉라는 논문이 있을 정도겠어요?

가장 달콤한 부분만 취하고 버려진 오렌지 껍질이 된 것 같은 기분이 들 때도 있을 거예요. 내 아이가 미워 보일 때도 있을 거예요. 그럴 때일수록 엄마들은 자신을 잘 챙겨야 합니다. 잘 먹고, 잘 자고, 마음도 잘 도닥여 주세요. 그래 나 오늘 힘들었구나, 내 아기라서 내가 잘 참고 있구나, 오늘도 잘 견뎠다, 그렇게 스스로를 도닥여 주세요.

이제 한숨 돌렸다면, 자고 있는 아이를 보러 가 볼까요? 세상 무해한 얼굴로 잠든 아이를 보면 왠지 모르게 눈물이 납니다. 그래, 내가 이 아이를 이렇게나 사랑하지. 그러니 어쩌겠어. 오늘도 잘 넘기자. 그래도 정말 힘들었으니까 오늘은 맥주 한잔 마셔야지. 이렇게 스스로를 토닥이세요.

오늘도 아이들에게 '사용당하고' 있는 세상의 모든 엄마 아빠들, 정말 수고 많았어요.

(하루 5분 힐링 필사)

가장 달콤한 부분만 취하고 버려진 오렌지 껍질이 된 것 같은
기분이 들 때도 있을 거예요.
내 아이가 미워 보일 때도 있을 거예요.
그럴 때일수록 엄마들은 자신을 잘 챙겨야 합니다.
잘 먹고, 잘 자고, 마음도 잘 도닥여 주세요.
그래 나 오늘 힘들었구나, 내 아기라서 내가 잘 참고 있구나,
오늘도 잘 견뎠다, 그렇게 스스로를 도닥여 주세요.

감정 돌보기 연습   "비슷한 감정을 느껴 본 적이 있나요?"
그 순간의 나를 위한 위로와 응원의 말을 건네 볼까요?

직장 맘이 느끼는 죄책감

　어린아이를 키우면서 직장을 다니는 일은 말처럼 쉽지 않습니다. 해 보지 않은 사람은 모릅니다. 하루가 어떻게 지나갔는지도 모를 만큼 숨 가쁘게 달려야 합니다. 온종일 몰두해서 일한 후 집에 돌아오면 나를 기다리고 있는 건 아침에 정신없이 벗어 둔 옷가지들, 한 입이라도 더 먹이려고 떠 놓았던 아이 밥, 출근길 전쟁의 흔적이 남은 거실입니다. 집에 돌아오자마자 겨우 손만 씻고 정리하기 시작합니다. 가족들을 위해 저녁을 준비하고, 먹고, 치우고, 남은 집안일을 하다 보면 어느새 자야 할 시간은 훌쩍 지나 있습니다.

　잠자리에서도 쉴 수 없습니다. 온종일 엄마를 기다린 아이는 쉽게 잠들지 않습니다. 조금만 더 놀자고 조르는 아이를 달래다 결국 내 에너지가 먼저 방전되어 버리곤 합니다. 아이에게 화를 내고, 우는 아이를 끌어안고 같이 울다가 그대로 잠든 날도 많습니다. 이러한 매일이 계속되면 문득 이런 생각이 듭니다. '내가 잘하고 있는 걸까?'

집에서도, 회사에서도 내 몫을 100% 하지 못한다는 자책감이 불쑥 올라옵니다. '이럴 거면 차라리 하나만 선택했어야 했던 거 아닐까?' 하는 후회도 밀려듭니다.

저는 세 아이를 키우고 있는 직장 맘입니다. 저의 죄책감은 아이들이 학교에 입학할 무렵 가장 크게 몰려왔습니다. 실로폰을 가져가야 했던 날, 아이가 반에서 혼자 준비물을 챙겨 오지 못해 종이로 실로폰을 그려 수업을 했다는 얘기를 담임 선생님에게 들었을 때, 학교 행사와 회사 일정이 겹쳐 아이에게 "이번에는 못 갈 것 같아."라고 하자, 아이가 말없이 고개를 끄덕이는 모습을 봤을 때, 그런 순간들이 저를 아프게 했습니다.

사회는 변했습니다. 더는 '아이는 엄마가 키워야 한다'고 말하지 않습니다. 하지만 제 안에는 어릴 적부터 보고 자란 장면들이 은연중에 남아 있었습니다. 학교에서도 문제가 생기면 아빠보다 엄마에게 먼저 연락을 하는 것처럼, 한국 사회에서는 여전히 '엄마'라는 존재에 대한 무거운 기대가 남아 있음을 느낍니다.

그런 죄책감은 말로 표현되지 않는 깊은 미안함을 만들어 냅니다. 어떤 날은 아이를 꼭 껴안고 '다른 엄마였다면 더 잘 키웠을까?'라는 생각을 하기도 했습니다. 하지만 시간이 지나면서 깨달 았습니다. 문제는 죄책감 그 자체가 아니라, 아이에게 그 죄책감을 계속해서 투영하는 것이었습니다. 엄마가 끊임없이 미안하다고 말하면, 아이는 어느 순간부터 스스로를 불쌍한 존재로 인식할 수 있습니다. '난 사랑받지 못하는 아이인가?' '난 부족한 환경에 있는 건가?' 이런 생각을 할 수도 있습니다.

그러지 않기 위해 저는 결심했습니다. 미안하다는 말 대신 대견하다는 말을 하자고요.

스스로 준비물을 챙기고, 깜빡하더라도 당황하지 않고 해결책을 찾는 아이를 보면서, 챙겨 주지 못해서 미안하다는 사과 뒤에 진심 어린 칭찬을 더욱더 많이 해 주기로 했습니다.

"진짜 대단하다!"

"엄마는 네가 정말 자랑스러워!"

그리고 짧더라도 매일 아이와 온전한 시간을 보내려고 노력합니다. 긴 대화가 아니어도 괜찮습니다. 오늘 병원에서 어떤 일이 있었는지, 누구를 만났는지, 점심은 무엇을 먹었는지 소소한 이야기를 아이에게 들려줍니다. 아이도 자연스럽게 어린이집에서 있었던 일, 학교에서 있었던 일을 이야기하기 시작합니다. 대단한 시간이 아니어도 좋습니다. 육아에서 중요한 것은 시간의 길이가 아니라 '질'이기 때문입니다. 몇 분이라도, 그 순간만큼은 아이에게 온전히 귀를 기울여 주세요. 그리고 매일 한 번씩 꼭 안아 주세요. 그 짧은 순간이 아이의 마음속에 큰 안정과 사랑으로 쌓입니다.

그리고 가장 중요한 사실은, 아이들은 엄마가 행복한 모습을 보기 원한다는 것입니다. 직장을 다니든, 일을 하지 않든 상관없습니다. 엄마가 자신의 삶을 사랑하고 있다는 것, 지금 이 순간을 만족하며 살고 있다는 것을 보여 주는 것. 그것이 아이에게 가장 큰 힘이 됩니다. 직장 맘이라면 엄마가 커리어를 쌓아 가는 모습, 즐겁게 일하는 모습을 보여 주세요. 아이는 자연스럽게 마음속에 이런 꿈을 품게 될 것입니다.

'나도 크면 엄마처럼 돼야지.'

물론 글로는 이렇게 담담히 쓰지만 저의 죄책감은 현재 진행형에 있습니다. 그러나 다행히도 이제는 그 죄책감을 무겁게 끌어안는 대신에 건강하게 다루는 법을 배워 가고 있습니다. 시간이 흐르면서 아이들은 자라나고 저도 자라났습니다. 지금은 아이들이 엄마가 직장을 다니는 것을 당연히 여기고(직장을 그만두지 않았으면 하고 바라는 게 더 맞는 표현이겠습니다), 가끔은 엄마의 일 이야기에 귀를 기울이며 웃기도 합니다. 어떤 날은 병원에서 있었던 작은 에피소드를 아이들과 나누며 함께 웃을 수 있다는 것만으로도 크나큰 행복을 느낍니다.

직장 맘이라는 이유로 죄책감을 느끼는 당신. 당신의 오늘이, 당신의 웃음이, 아이들에게는 무엇보다 소중한 선물이라는 사실을 잊지 마세요.

(하루 5분 힐링 필사)

가장 중요한 사실은,

아이들은 엄마가 행복한 모습을 보기 원한다는 것입니다.

(감정 돌보기 연습) "비슷한 감정을 느껴 본 적이 있나요?"
그 순간의 나를 위한 위로와 응원의 말을 건네 볼까요?

육아에 압박을 주는 사람들에게 전하는 말

걱정해 주시는 마음 감사드립니다. 아이를 먼저 키워 보신 경험에서 우러나오는 조언, 귀하게 여기고 있어요.

"이렇게 하면 좋다더라."

"나 때는 이렇게 아이를 키웠어."

그 말씀 하나하나에 담긴 애정과 진심, 알고 있습니다.

당신의 연륜을 존중하고, 늘 새겨들으려 노력해요.

하지만 때로는 그 말씀이 제 마음에 부담이 되어 쌓일 때가 있습니다.

"뭐니 뭐니 해도 엄마 젖이 최고지. 모유 먹여라."

"애가 배곯았다. 분유 좀 먹여라."

"춥다, 양말 신겨라."

"덥다, 양말 벗겨라."

"너무 울면 성격 나빠진다. 얼른 안아 줘야지."

"너무 안으면 안 돼. 버릇된다."

가끔 사소한 말들이 압박으로 다가올 때가 있습니다.

아이를 키우며 하루에도 수십 번 마음이 흔들립니다. 초보 부모로서 아직 미숙하지만, 저 역시 이 아이의 부모입니다. 나름의 방식으로 매일 아이를 더 잘 돌보려고 고민하고 결정하며 살아가고 있어요.

초보 운전자가 조심스레 핸들을 잡듯, 저도 제 아이의 삶이라는 큰 도로 위에 조심스럽게 발을 들였어요. 운전 연습을 하는 초보 운전자에게 옆자리에서 끊임없이 잔소리를 하면 그 차는 결국 멈춰 설 수밖에 없습니다.

그저 조용히 지켜봐 주실 수는 없을까요?

다 좋은 뜻에서 하시는 말씀이라는 것은 잘 알아요. 하지만 그 한마디가 가슴에 비수처럼 꽂히는 날도 있어요. 괜히 내가 나쁜 부모가 된 것 같은 느낌이 들어요.

어쩌면 예민하게 받아들인다고 생각하실 수도 있어요. 그런데 아이를 낳고 나니 정말 요상한 호르몬들이 올라오더라고요. 작은 말에도 쉽게 상처받고, 별말 아닌데도 죄책감에 휘청입니다.

그래서 간곡히 부탁드려요. 아이에게 직접적으로 해가 되는 행동이 아니라면, 조금만 너그러이, 조용히 지켜봐 주세요.

사실 지금 저에게 간절히 필요한 것은 조언보다 신뢰입니다. 아이를 키우다가 제가 좌절할 때, 자신 없는 모습을 보일 때,

"나도 그럴 때가 있었어."

"처음부터 완벽한 부모는 없어."

"지금도 충분히 잘하고 있어."

따뜻한 말 한마디가 훨씬 큰 힘이 됩니다.

혹시 '피그말리온 효과*Pygmalion effect*'라는 말을 들어 보셨나요? 타인의 긍정적인 기대가 실제 행동에도 긍정적인 영향을 준다는 심리학 용어예요.

"넌 잘할 거야."

"충분히 잘하고 있어."

그런 말을 들을수록 더 잘하고 싶고, 실제로 아이를 더 잘 키우는 부모가 됩니다.

아이에게 최선을 다하고 싶어요. 전문가의 조언도 듣고, 책도 읽고, 나름대로 치열하게 공부하며 하루하루를 보내고 있습니다.

그러니 너무 걱정하지 마시고, 부디 응원해 주세요. 저는 지금도 그리고 앞으로도 이 아이의 가장 좋은 보호자이자 부모가 되고

싶습니다.

지켜봐 주시고, 믿어 주시고, 그저 따뜻한 미소로 말씀해 주세요.

"괜찮아. 너라면 괜찮아."

그 한마디면 오늘도 충분히 잘 견뎌 낼 수 있으니까요.

> 하루 5분 힐링 필사

아이에게 최선을 다하고 싶어요.

전문가의 조언도 듣고, 책도 읽고,

나름대로 치열하게 공부하며 하루하루를 보내고 있습니다.

그러니 너무 걱정하지 마시고, 부디 응원해 주세요.

저는 지금도 그리고 앞으로도

이 아이의 가장 좋은 보호자이자 부모가 되고 싶습니다.

지켜봐 주시고, 믿어 주시고,

그저 따뜻한 미소로 말씀해 주세요.

감정 돌보기 연습   "비슷한 감정을 느껴 본 적이 있나요?"
그 순간의 나를 위한 위로와 응원의 말을 건네 볼까요?

아이가
침대에서 떨어진 날

　진료실에 아이를 데리고 들어선 젊은 부부의 얼굴은 한눈에 봐도 긴장과 걱정으로 가득했습니다. 아이를 조심스레 안고 있는 엄마, 그 옆에서 애써 침착한 표정을 지으려는 아빠가 들려준 이야기는 이랬습니다. 기저귀를 갈던 중 물티슈를 가지러 잠시 자리를 비운 사이, 아이가 침대에서 혼자 몸을 뒤집다가 바닥으로 떨어졌다는 겁니다. "쿵!" 하는 소리 그리고 곧이어 터진 울음소리에 온몸이 얼어붙고 정신이 아득해졌다고 했습니다. 다급히 아이를 안고 병원으로 달려오는 길은 그야말로 악몽 같았다고. 그 순간 부모의 마음속엔 '무슨 일이 생긴 건 아닐까' 하는 불안과 '내가 왜 자리를 비웠을까' 하는 자책이 휘몰아쳤습니다. 다행히 검사 결과 큰 이상은 없었습니다. 병원에서 잠든 아이를 보며 부모는 안도의 한숨을 쉬는 동시에 죄책감이 해일처럼 밀려왔다고 했습니다.

진료실에서 이런 이야기를 들을 때마다 마음 한편이 무거워집니다. 왜냐하면 이런 사고는 정말 많은 부모들이 겪는 일이기 때문입니다. 어떤 아이는 바닥에 있던 귀걸이를 삼켜 내시경으로 꺼냈고, 또 어떤 아이는 식탁 위 뜨거운 커피를 쏟아 화상을 입었습니다. 밥을 먹다 콩을 귀에 넣거나 미끄러운 욕실에서 넘어지는 일도 적지 않죠. 공통점은 모두 '찰나'에 벌어진다는 것입니다.

아이는 생각보다 훨씬 빠르게 움직입니다. 어른에게는 단 몇 초의 시간이, 아이에겐 큰일이 벌어지기에 충분한 시간입니다. 마치 아이의 시간과 부모의 시간은 다르게 흐르는 것만 같습니다. 몸을 뒤집고, 손을 뻗고, 구르고, 떨어지는 그 모든 과정이 순식간에 일어나곤 하지요. 부모의 한숨 돌리는 찰나가 아이에겐 온 세상이 바뀌는 순간이 되곤 합니다. 이런 경험을 하게 된다면 '부모는 뒤통수에도 눈이 달려 있어야 한다'는 말이 새삼 실감이 날 것입니다.

부모가 되는 일은 그래서 '완벽'이란 단어와는 거리가 멉니다. 아무리 조심하고, 아무리 신경 써도 어딘가에서 예기치 못한 일이 벌어질 수 있습니다. 그러면 우리는 곧잘 스스로를 몰아세웁니다.

'내가 더 잘했어야 했는데…'

'처음부터 왜 그렇게 했을까!'

'혹시 그때의 일이 아이에게 평생 영향을 주는 건 아닐까?'

시간이 지나 아이가 말이 조금 느리거나 감정 표현이 서툴면 몇 년 전에 있었던 작은 사고까지 떠올리며 죄책감으로 마음을 갉아먹는 부모도 많습니다. 하지만 그 모든 마음은 아이를 향한 깊은 사랑에서 비롯된다는 걸 우리는 잘 압니다.

우리가 진짜 해야 할 일은 그날의 기억을 죄책감으로 남기는 것이 아니라 교훈으로 바꾸는 일입니다.
'이번엔 다행히 괜찮았지만, 다음부터는 절대 혼자 두지 말자.'
'작은 물건이나 뜨거운 물건은 아이 손이 닿지 않게 치우자.'
이렇게 부모는 그날의 일을 반복해서 떠올리며 조심하고 또 조심합니다. 그것이 아이를 지키는 일이고, 부모가 성장해 가는 방식입니다. 사고는 누구에게나 일어날 수 있습니다. 그리고 그 사고를 겪고 난 뒤, 다시는 같은 일이 반복되지 않도록 매 순간을 조심스레 살아가는 것. 그게 바로 우리가 할 수 있는 최선이며, 아이에게 해 줄 수 있는 가장 현실적인 사랑이기도 합니다.

진료실에서 마주했던 그 부모는 아마도 오랫동안 그날을 잊지 못할 것입니다. 하지만 시간이 지나 아이가 건강히 자라고, 또 웃고 말하는 날이 쌓여 갈수록 그날의 기억은 '실수'가 아닌 '경험'으로 자리 잡게 될 겁니다. 실수로 시작된 하루가 부모로서 더 깊어지는 날이 되기도 합니다. 그건 아이를 향해 더 조심스레 손 내밀게 되는 하나의 시작입니다.

> 하루 5분 힐링 필사

우리가 진짜 해야 할 일은

그날의 기억을 죄책감으로 남기는 것이 아니라

교훈으로 바꾸는 일입니다.

> 감정 돌보기 연습

"비슷한 감정을 느껴 본 적이 있나요?"
그 순간의 나를 위한 위로와 응원의 말을 건네 볼까요?

화를 참기 어려운 부모에게
건네는 따뜻한 위로

아이를 향해 소리를 지르고 나서 후회한 적이 있나요? 오늘도 참으려고 했는데 또 울컥해서 큰소리를 내 버렸다면, 지금 마음 한구석이 시리도록 무거울 겁니다.

"선생님, 제가 유치원 교사인데, 직장에서 아이들 돌볼 땐 사랑스럽기만 하고 괜찮거든요. 그런데 정작 제 아이에게는 화를 참기가 너무 힘들어요."

"오늘도 미친 사람처럼 아이에게 소리를 질렀어요. 제가 정말 혐오스러워요."

부모는 누구보다 아이를 사랑하지만, 그렇다고 해서 그 사랑이 모든 분노를 다 녹일 수는 없습니다. 아이가 이유 없이 짜증을 부리고, 뻔히 아는 걸 또 실수하고, 위험한 행동을 반복할 때 부모도 울컥하게 마련입니다.

그런 순간에 아주 유용한 방법이 있어요. 제가 자주 전하는 방법인데 아주 간단해요. 바로 '신호등'을 떠올리는 겁니다.

화가 치밀어 오를 때, 내 마음속 신호등을 켜 보세요.
첫 번째 신호, 빨간불이 켜졌다면 멈춰야 할 때입니다. 어떤 상황에서도 무조건 바로 멈춤이에요. 설령 지금 씻기려고 실랑이 중이든, 아이가 식당에서 뛰어다니는 중이든, 부모가 이성을 잃고 "야!" 하고 소리를 질렀다면, 그건 빨간불입니다. 당장 브레이크를 밟고 일단 멈추세요. 화를 낼 수밖에 없는 정당한 이유가 있다고 하더라도 아이의 행동에 비해 과한 액션, 과도한 감정을 쏟아냈다면, 멈추는 것이 맞습니다.

두 번째, 노란불은 고민하는 구간입니다. 아직 화를 내진 않았지만, 지금 말하면 욱하게 될 것 같고, 지금 훈육하면 감정이 실릴 것 같은 순간이라면 그건 노란불입니다. '지금 계속 얘기해도 괜찮을까?'를 스스로에게 묻는 시간이에요. 때론 잠시 기다리는 것이 아이와 나를 모두 지키는 길입니다. 육아는 급하게 가는 길이 아니니까요.

그리고 세 번째, 초록불은 출발해도 되는 순간입니다. 감정이 가라앉고, 아이에게 진심을 담아 말할 준비가 되었을 때, 그때는 진행하는 순간입니다. 무엇을 전할지 아이에게 무엇을 알려 주고 싶은지 스스로 확신이 섰을 때는 직진하세요.

신호등이 잘 작동되기 위해서 가장 중요한 건 매일 자주 연습하면서 내 감정의 리듬을 스스로 알아차리는 거예요. 말보다 먼저 올라오는 감정의 신호를 내 마음속에서 포착하는 훈련을 해 보세요.

오늘도 아이에게 소리쳤다고 자책 중인가요? 그래도 스스로를 용서해 주세요. 후회하는 내 모습을 잘 기억하되 너무 오래 꾸짖지는 마세요. 스스로를 한 번만 봐주세요. 그리고 다시 연습하는 겁니다. 육아는 완벽한 통제가 아니라, 매일의 감정 연습입니다. 오늘 신호등을 놓쳤다면 내일은 더 잘 알아차릴 수 있게 연습하는 겁니다.

운전면허 하나를 따더라도 필기, 실기 시험, 도로 주행을 거쳐야 하죠. 그렇게 면허를 따고 10년을 운전해도 실수를 하곤 합니다.

어제보다 오늘, 오늘보다 내일 조금 더 나은 부모가 되게 연습하는 것. 그것이 중요합니다. 그렇게 오늘도 한 걸음 더, 그렇게 아이와 함께 성장해 가면 됩니다.

(하루 5분 힐링 필사)

육아는 완벽한 통제가 아니라,
매일의 감정 연습입니다.

(감정 돌보기 연습) "비슷한 감정을 느껴 본 적이 있나요?"
그 순간의 나를 위한 위로와 응원의 말을 건네 볼까요?

좋은 부모가 되지 못한 것 같아 실망할 때

 우리는 좋은 부모가 되기 위해 많은 노력을 합니다. 아이가 태어나는 순간부터 모든 일정은 아이 중심으로 돌아갑니다. 아이의 물건을 고를 때 더 좋은 걸 집게 되고, 더 좋은 경험을 주고 싶은 마음이 자연스럽게 생깁니다. 그럼에도 불구하고 항상 부족하게만 느껴집니다. 반면에 그 노력을 아이가 몰라주는 것 같을 때, 우리는 실망하고 때로는 분노하기도 합니다.

 아빠 A 씨는 모처럼 가족 모두가 휴가를 내고 놀이공원에 가기로 했습니다. 하지만 아침부터 아이는 컨디션이 좋지 않은지 계속 짜증을 내고, 차로 이동하는 내내 칭얼거렸습니다. 놀이공원에 도착한 뒤에도 상황은 나아지지 않았습니다. 아이들이 좋아한다는 퍼레이드를 가까이서 보기 위해 힘들게 맨 앞에 자리를 잡았지만,

아이는 무섭다며 집에 가자고 떼를 씁니다.

'모처럼 시간을 냈는데, 좋은 추억을 쌓고 싶었는데….' 모든 기대가 물거품이 된 것 같습니다. 집으로 돌아오는 길, 카 시트에 곤히 잠든 아이가 괜히 밉습니다.

"괜히 놀이공원에 가자고 해서 애만 힘들게 했잖아. 그러니까 평소에나 잘해, 좀." 내 마음도 모르고 핀잔만 주는 배우자와 다투기도 했습니다. 오늘 하루는 완전히 망한 것 같습니다. 좋은 부모가 되려고 했던 내 마음은 어디로 가 버린 걸까요?

엄마 B 씨는 아이의 어린이집 소풍날을 위해 며칠 전부터 준비를 했습니다. 평소 직장 때문에 함께하지 못했던 미안함을 만회하고 싶었습니다. 유명 인플루언서의 도시락 영상을 참고하여 메모하고, 꼼꼼하게 장을 보고, 새벽부터 일어나 정성껏 도시락을 만들었습니다. 오후에 아이와 함께 소풍 이야기를 하며 먹을 간식까지 야무지게 준비해 두었습니다. 완성된 도시락을 보며 스스로 꽤 만족했고, 아이도 분명히 기뻐할 거라고 기대했습니다.

하지만 소풍에서 돌아온 아이는 시큰둥한 반응을 보였습니다. "엄마 도시락 어땠어?"라는 질문에 마지못해 "응, 좋았어."라는 대답이 다였습니다. 아이의 대답은 마치 "엄마 도시락 별로였어."라고 들렸습니다. 준비해 둔 간식도 거들떠보지 않고 놀이터에 놀러 가자고 합니다. B 씨는 괜히 서운해지고, '아휴, 그럼 그렇지.

앞으로는 괜한 노력하지 말아야지'라는 생각까지 듭니다.

A 씨와 B 씨는 특별한 사람들이 아닙니다. 앞서 들려드린 이야기는 우리 주변 그리고 바로 우리의 이야기입니다. 이럴 때 우리는 어떤 마음을 가져야 할까요? 어쩌면 A 씨와 B 씨가 실망한 건 '인정욕구' 때문인지도 모릅니다. '좋은 부모는 이래야 한다'는 기준을 스스로 정해 놓고, 그 틀 안에 자신을 가두어 버린 것인지도 모릅니다.

왜 인정욕구가 문제가 될 수 있을까요? 인정욕구는 '나의 노력'을 '상대방의 반응'으로 확인받고 싶어 하는 마음입니다. A 씨는 놀이공원에 데려간 노력에 아이가 행복해하는 모습을 기대했습니다. B 씨는 정성껏 도시락을 준비한 노력에 아이가 감동하기를 바랐고요. 그 기대가 충족되지 않을 때, 우리는 나의 노력을 부정당한 것처럼 느끼고, 실망하거나 분노합니다. 아이를 위해 한 것 같지만, 사실은 내 노력이 아이에게 인정받기를 바란 것입니다. 다시 말해 '아이의 행복'보다는 '아이를 통해 나 자신이 좋은 부모임을 확인받고 싶은 욕구'가 앞섰던 겁니다.

진짜 문제는 그 기준이 '아이'가 아니라 '남'에게 맞춰져 있다는 데 있습니다. 놀이공원에서 목마를 태우고 행복하게 퍼레이드를 보여 주는 부모, 예쁜 도시락을 싸서 아이를 감동시키는 부모, 어쩌면 이런 장면은 남들이 보기 좋은 부모상에 불과합니다.

사실 A 씨의 아이는 놀이공원이 아니라, 동네 공원에서 산책하는 걸 더 좋아했을 수도 있습니다. 길가의 개미를 함께 관찰하고, 화단에 핀 꽃을 함께 바라보는 것으로 충분했을지도 모릅니다. B 씨 아이도 소풍날 엄마가 싸 준 도시락을 보고 분명 기뻤을 겁니다. 다만 그 감정을 엄마가 기대하는 방식으로 표현하지 않았을 뿐입니다.

하지만 인정욕구를 버리기는 어렵습니다. 우리는 어릴 때부터 끊임없이 인정받기 위해 노력하는 사회에서 살아왔으니까요. 학교에서는 좋은 성적을, 회사에서는 성과를, 사회에서는 비교 속의 승리를 통해 인정받아야 했습니다. 그렇기에 무의식중에 내 아이에게도 인정받고 싶어집니다. 하지만 기억하세요. 아이에게 인정받기 위해 노력할 필요는 없습니다. 부모라는 것만으로도 이미 대체할 수 없는 존재입니다.

놀이공원도, 도시락도 다 좋습니다. 그것은 아이를 사랑하려는 당신의 소중한 마음입니다. 다만 결과에 연연하지 말고, 아이를 기준으로 바라보고 사랑하면 됩니다. '좋은 부모'는 완성된 모습이 아니라, 좋은 부모가 되기 위해 끊임없이 다짐하고 시도하는 사람입니다.

오늘 내가 실망하고 그로 인해 오늘 하루가 망했다고 느껴질지라도, 아이를 위해 마음을 다잡으세요. 그 순간 우리는 진심을 다해 아이를 사랑하는 사람이 됩니다.

> 하루 5분 힐링 필사

학교에서는 좋은 성적을, 회사에서는 성과를,

사회에서는 비교 속의 승리를 통해 인정받아야 했습니다.

그렇기에 무의식중에 내 아이에게도 인정받고 싶어집니다.

하지만 기억하세요.

아이에게 인정받기 위해 노력할 필요는 없습니다.

부모라는 것만으로도 이미 대체할 수 없는 존재입니다.

감정 돌보기 연습   "비슷한 감정을 느껴 본 적이 있나요?"
그 순간의 나를 위한 위로와 응원의 말을 건네 볼까요?

실수를 안 하는 것보다 중요한 것은
실수 후의 회복력

 소아정신과 의사로서 유튜브나 강연을 하고, 보호자를 만나다 보면 자주 듣는 질문이 있습니다. "선생님은 육아 힘들지 않으세요?" "선생님도 아이에게 화내세요? 소리도 지르고요?"

 물론입니다. 저도 사람이고 집에서는 의사가 아닌 엄마이자 한 인간으로 지내니까요. 아이에게 화도 나고, 못난 내 모습에 화가 나기도 하고, 혼자 있고 싶기도 하고, 바깥에서 생긴 일로 아이에게 화를 내고 미안해하기도 합니다. 그럼에도 불구하고 소아정신과 의사로서 이점이 하나 있다면, 그것은 바로 나의 실수에 너무 연연하지 않는 의연한 마음이라고 생각합니다. 소아정신과 의사가 되고 나서 많은 부모님과 아이들을 만나고, 그들이 서로 관계를 맺고 성장하는 과정을 옆에서 지켜보았던 소중한 경험이 지금의 제가 한 아이의 엄마로서 잘 지낼 수 있는 가장 큰 밑바탕이 되었다고 생각합니다. 소아정신과 학문을 공부함으로써 깨달은 것이 있거든요. 그것은 바로 우리 모두는 평범한 인간이며, 평범한 보통의 인간은 시련과 갈등을 충분히 회복할 수 있는 힘이 있다는 것입니다. 이것은 부모와 자녀 관계에도 완벽히 적용됩니다.

부모님들은 아이에게 화를 내고 나서, 혹은 아이를 혼내고 나서, 아이를 과하게 몰아치거나 아이의 신뢰를 저버리는 행동을 하고 나서 후회하고 자책을 합니다. 사실 우리는 인간이기에 작은 실수나 실패는 일상에서 일어날 수밖에 없습니다. 하지만 부모가 된 우리는 아이에게만큼은 단 하나의 실수도 하지 않으려고 노력합니다. 좋은 엄마 아빠가 되려고 하고, 말 한마디도 아이에게 도움이 되는 말을 하려고 고민합니다. 노력하고 고민하는 부모는 정말 훌륭한 부모이며, 노력하는 것이 마땅합니다. 다만 정말 중요한 것은, 그렇게 노력을 이어 가다가 실수했을 때, 좌절하지 않는 것입니다.

상호주관성*Intersubjectivity* 이론을 이야기한 심리학자 다니엘 스턴은 부모 자녀 관계는 일방향의 관계가 아니라, 서로의 관계 속에서 다양한 상호작용이 이루어지며, 그 관계 안에서 발생하는 다양한 감정, 즉 행복이나 즐거움뿐 아니라 질투, 외로움, 슬픔 등의 부정적인 감정 또한 아이의 자아감*Sense of self* 형성에 중요하다고 말했습니다. 부모는 자녀와의 관계 속에서 발생하는 다양한 감정과 상황을 자연스럽게 받아들이고, 이를 조율하는 역할을 해야 합니다.

하지만 부모의 조율이 늘 완벽할 수는 없으며 불완전한 과정에서 아이는 부모로부터 일시적으로 단절되기도 하는데, 그러한 고통과 결핍 또한 아이가 다시 건강한 상태로 회복하는 데 중요한 역할을 한다고 했습니다.

부모와 자녀 사이 즐거움과 슬픔, 애정과 미움, 실패와 회복이 반복되면서, 아이는 자신만의 건강한 자아감과 부모와의 건강한 관계를 형성해 갑니다. 부모와 자녀는 항상 100% 일치할 수 없으며, 관계는 일시적으로 손상Rupture될 수 있습니다. 그러나 이러한 관계의 손상, 즉 실수는 필수 불가결하며, 오히려 100% 온전한 만족감을 주는 관계는 아이가 독립적인 인간으로 성장할 기회를 앗아 갈 수 있습니다. 그래서 아이에게 실수를 하고 잘못된 모습을 보여 주지 않는 것에 집중하는 것이 아니라, 일상에서 일어나는 평범한 사람으로서의 실수와 실패를 어떻게 잘 바로잡는Repair 가에 집중할 필요가 있습니다.

하나의 실수에 연연하지 않고, 완벽한 엄마가 되려고 너무 애쓰지 않는 것. 그것이 바로 제가 소아정신과 의사를 하면서 배운 육아의 노하우입니다. 오늘 아이에게 실수하셨나요? 그럼 내일은 더 잘해 보아요!

(하루 5분 힐링 필사)

아이에게 실수를 하고 잘못된 모습을 보여 주지 않는 것에
집중하는 것이 아니라, 일상에서 일어나는 평범한 사람으로서의
실수와 실패를 어떻게 잘 바로잡는가에 집중할 필요가 있습니다.

(감정 돌보기 연습) "비슷한 감정을 느껴 본 적이 있나요?"
그 순간의 나를 위한 위로와 응원의 말을 건네 볼까요?

BIGGER
EXHAUSTED

5장. Exhausted
피로감, 번아웃

아이가 계속 깨서 한숨도 못 잤어.
완전 녹초가 되어 버렸어

힘든 육아에
만사가 다 귀찮아질 때

밤이 깊어도 쉽게 잠들지 못하는 날이 있습니다. 온종일 아이를 돌보고, 울고 웃고, 먹이고 달래고, 끝없는 집안일까지 마치고 나면 몸은 녹초가 되는데도 마음은 계속 무언가를 놓치고 있는 것만 같습니다. 인생 통틀어 어느 때보다 열심히 살고 있는데, 왜 우리는 항상 부족한 부모처럼 느껴질까요?

어쩌면 우리는 부모로서의 삶을 자기계발이나 일처럼 여겨 왔을지도 모릅니다. 더 좋은 부모가 되기 위해, 더 완벽한 환경을 만들어 주기 위해, 끊임없이 배우고 노력하고 분석하죠. 그 과정에서 스스로에게 점점 더 많은 부담을 지우고 있지는 않나요?

그렇게 쌓인 부담감은 결국 '번아웃 증후군'으로 이어집니다. 번아웃은 단순한 피로가 아닙니다. 과도한 책임감과 끝없는 노력의 누적으로 인해 신체적, 정신적, 정서적으로 완전히 지쳐 버린 상태입니다. 사실, 그 시작은 더 잘하고 싶은 마음이었을 겁니다. 더 좋은 부모가 되고 싶은 간절함이 오히려 우리의 에너지를 소진시켜 버린 것입니다.

번아웃이 찾아왔을 때, 가장 중요한 것은 '방향을 잃지 않는 것'입니다. 끝없이 앞만 보고 달리다 보면 방향을 잃고, 내가 왜 이 길을 가고 있는지 그 이유조차 희미해질 때가 있습니다. 그럴수록 우리는 다시 가장 본질적인 질문으로 돌아가야 합니다.

'아이에게 진짜 필요한 부모는 어떤 부모일까?'

아이는 로봇처럼 온종일 지치지 않고 모든 걸 완벽하게 해내는 부모를 원하는 것이 아닙니다. 아이에게 가장 필요한 것은 자신이 원할 때 언제든 돌아갈 수 있는 따뜻한 품을 가진 부모일 것입니다. 서툴더라도, 부족하더라도, 아이의 눈높이에 맞춰 함께 울고 웃어 줄 수 있는 부모, 그 자체로 충분합니다.

어떤 날은 아이를 재우다가 먼저 잠이 들 수도 있고, 어떤 날은 저녁을 차릴 힘이 없어 배달 음식을 먹을 수도 있습니다. 아이와 함께 하려던 활동을 다 하지 못하고 하루가 끝나 버릴 때도 있습니다. 그렇다고 해서 그날이 의미 없던 것은 아닙니다. 부모가 되는 일은 극복해야 할 도전도, 이겨 내야 할 목표도 아니기 때문입니다. 그저 하루하루 살아가는 것입니다. 그리고 그 하루 속에서 아이와 함께 조금씩 성장하는 것. 그것이 부모가 진정으로 나아가야 할 방향입니다.

피곤한 날에는 아이의 눈을 바라보며 "엄마(아빠)도 오늘 너무 피곤하네. 우리 조금만 쉬자." 하고 상냥하게 말해 주세요. 완벽하지 않아도 그대로의 내가 괜찮다고 스스로에게 허락해 주세요. 매 순간 최선을 다해야 한다는 압박에서 벗어나, 이만하면 잘 해내고 있다고 가끔씩 나 자신을 다독여 주세요. 그렇게 우리는 다시 중심으로 돌아올 수 있고 다시 하루를 시작할 수 있습니다.

번아웃은 무너지는 것이 아니라, 멈춰야 한다는 신호입니다. 다시 중심을 잡고, 기본으로 돌아가라는 메시지입니다. 그러니 오늘은 조금 느리게 가도 괜찮습니다. 번아웃은 끝이 아니라, 다시 나아갈 힘을 찾는 과정이니까요.

> 하루 5분 힐링 필사

아이는 로봇처럼 온종일 지치지 않고 모든 걸 완벽하게 해내는 부모를 원하는 것이 아닙니다. 아이에게 가장 필요한 것은 자신이 원할 때 언제든 돌아갈 수 있는 따뜻한 품을 가진 부모일 것입니다.

> 감정 돌보기 연습

"비슷한 감정을 느껴 본 적이 있나요?"
그 순간의 나를 위한 위로와 응원의 말을 건네 볼까요?

지친 날
스스로에게 해야 하는 말 3가지

    육아는 기쁨과 보람이 가득하지만, 지치고 힘든 순간도 많습니다. 모든 일상이 아이를 돌보는 일에 기준을 맞춰 반복되다 보면, 자연스레 자신의 감정을 놓치거나, 너무 많은 기대를 품고 자신을 압박하기도 합니다. 이럴 때 우리가 스스로에게 들려주어야 할 마법 같은 말들이 있습니다.

첫 번째, 그럼에도 불구하고

    육아를 하다 보면 생각대로 풀리지 않는 순간들이 자주 찾아옵니다. 아이가 갑자기 짜증을 내거나, 내가 세운 계획대로 일이 전혀 진행되지 않을 때, 불안하고 답답한 마음이 밀려옵니다. 이럴 때 '그럼에도 불구하고'라고 자신에게 말해 보세요. "아이를 위해 내가 해 온 모든 노력은 헛되지 않았고, 지금의 상황은 단지 지나가는 순간일 뿐이야."라고 자신을 위로하는 것입니다.

오늘 준비한 이유식을 절반도 못 먹은 아이를 보며 속상한 마음이 들 수 있습니다. 그런데 아이는 뭐가 그렇게 좋은지 나와 눈을 마주치며 해맑게 웃어 줍니다. 나는 그 웃음을 보며 '그럼에도 불구하고' 다시 힘을 내서 '다음은 잘 먹여 봐야지'라고 다짐하게 됩니다. 이런 마음가짐은 불안감을 덜어 주고, 힘든 순간에도 계속해서 한 걸음 한 걸음 나아갈 수 있는 용기를 줍니다.

❀ 두 번째, 이만하면 되었다

육아에서 완벽한 것은 존재하지 않습니다. 아이를 돌보며 내가 언제나 완벽할 수 있을 거라는 기대를 품게 되지만, 현실은 그렇지 않죠. '이것도 해야겠다, 저것도 해야겠다' 하는 생각에 끊임없이 시달리다 보면, 언제나 부족한 부분이 눈에 띕니다. 그렇다고 자책하거나 자기 자신을 너무 압박할 필요는 없습니다. "이만하면 되었다."라고 자주 말해 보세요. 내가 오늘 아이에게 충분히 사랑을 주었고, 내가 할 수 있는 만큼 최선을 다했다는 생각을 가지면, 더는 자책하지 않게 됩니다.

하루 동안 아이와 함께 시간을 보내면서 모든 일을 완벽하게 해내지 못했더라도, '그래, 오늘은 이것만으로도 충분하다'라고 스스로를 칭찬하는 것입니다. 이 말은 내가 놓친 부분을 부담스럽게 여기지 않게 하고, 나 자신에게도 감사함을 느끼게 합니다. 아이가 자는 모습을 바라보며 오늘 하루에 대한 만족감을 느끼는 시간을 만들어 줍니다. 너무 많은 것을 바라지 않고, 내가 할 수 있었던 것들에 만족하는 것이 육아를 조금 더 가볍고 여유롭게 만들어 줍니다.

❀ *세 번째, 고맙게도*

육아를 하다 보면 피곤하고 지친 마음속에서 감사한 마음을 잊고 지나치기 쉽습니다. 하루하루 힘든 상황을 지나며 작은 기쁨도 놓치고, 때로는 아이의 소중함도 잊어버릴 때가 있습니다. 그때마다 '고맙게도'라는 말을 마음속에 떠올려 보세요. 아이가 나를 찾을 때, '고맙게도'라는 말을 생각하며 아이가 내 삶에 존재하는 것에 대한 감사함을 표현해 보세요. '아이가 고맙게도 나를 필요로 하고 있어'라고 생각하면, 힘든 순간에도 긍정적인 에너지가 생깁니다. 아이가 나에게 선물처럼 다가오는 그 순간들을 되새기면, 그날의 피로감도 조금씩 사라지는 느낌이 듭니다. 힘든 순간일수록 감사함을 느낄 수 있다면 아이러니하게도 육아의 기쁨은 더욱 크게 느껴질 것입니다.

육아는 매일의 작은 성취와 기쁨을 쌓아 가는 과정입니다. 매일매일 내가 할 수 있는 만큼을 해도, 여전히 부족하다고 느낄 때가 많습니다. 하지만 그럴 때일수록 '그럼에도 불구하고', '이만하면 되었다', '고맙게도'라는 말을 마법의 주문을 외듯 스스로에게 자주 해 보세요. 이 말들은 내가 얼마나 잘 해내고 있는지, 아이에게 내가 얼마나 많은 사랑을 주고 있는지를 상기시켜 주고, 나를 위로해 줄 것입니다.

(하루 5분 힐링 필사)

매일매일 내가 할 수 있는 만큼을 해도,
여전히 부족하다고 느낄 때가 많습니다.
하지만 그럴 때일수록
'그럼에도 불구하고', '이만하면 되었다', '고맙게도'라는 말을
마법의 주문을 외듯 스스로에게 자주 해 보세요.
이 말들은 내가 얼마나 잘 해내고 있는지,
아이에게 내가 얼마나 많은 사랑을 주고 있는지를 상기시켜 주고,
나를 위로해 줄 것입니다.

> 감정 돌보기 연습   "비슷한 감정을 느껴 본 적이 있나요?"
> 그 순간의 나를 위한 위로와 응원의 말을 건네 볼까요?

육아에 지친 날
절대적으로 독이 되는 3가지

아이를 키우는 것은 우리가 상상할 수 있는 것보다 훨씬 더 많은 에너지와 감정을 요구합니다. 매일 아이와 함께 보내는 시간 속에서 부모는 끝없는 고민과 갈등을 겪으며 때때로 지치고 무기력해지기도 합니다. 그럴 때, 우리가 무심코 빠져들 수 있는 몇 가지 함정이 있습니다.

첫 번째, 남들과의 비교

SNS 또는 주변에서 보이는 다른 부모들의 모습은 때때로 큰 압박감을 줍니다.

'저 사람은 어떻게 아이를 저렇게 잘 키우지?'

'우리 집은 왜 저렇게 안 될까?'

SNS에는 연출된 모습이 많다는 것을 잘 알면서도 머릿속에 장면들이 맴돌면서, 우리는 자꾸만 다른 부모들과 나를 비교합니다. '비교는 기쁨을 빼앗아 가는 도둑'이라는 말이 있습니다. 비교에 의한 불안과 스트레스는 아이와 나 자신에게 부정적인 감정을 불러일으킬 뿐입니다. 남들의 육아 방식과 아이의 모습은 그 사람만의 고유한 것일 뿐, 나와 내 아이에게 적용될 필요는 없습니다. 비교보다는 나만의 방식, 나와 우리 아이에게 맞는 길을 찾는 것이 훨씬 더 중요합니다.

❀ 두 번째, 탓하기

육아에서의 '탓하기'는 스스로를 더 지치게 만듭니다. 남편이나 아내, 혹은 아이 탓을 하며 불만을 토로할 때, 우리는 잠시나마 내 마음의 짐을 덜어 낸다고 생각할 수 있습니다. 그러나 짐을 잠시 덜어 냈다가 배로 돌려받는 것과 다름없습니다. 다른 사람에게 화를 내며 스트레스를 푸는 것처럼 보이지만, 그것은 결국 더 많은 에너지를 소모하고, 해결되지 않은 감정만 쌓이기 때문이지요. 자기 자신을 탓하는 것도 마찬가지입니다.

'내가 부족해서 아이가 이렇게 된 거야.'

'내가 더 잘했어야 했는데….'

이런 생각에 빠지면, 육아 자체가 부담스럽고 힘든 짐으로 느껴집니다. 탓하기보다는 문제를 받아들이고 기다려 주면서 조금씩 해결책을 찾으려는 마음가짐이 필요합니다.

🍀 **세 번째, 원인 찾기에 몰두하기**

　직장에서 일을 할 때는 문제가 발생하면 그 원인을 정확히 파악하고 해결책을 찾아내는 것이 중요합니다. 그래서 우리는 문제의 본질을 파악하려고 애쓰고, 해결 방법을 찾아내기 위해 끊임없이 노력하죠. 하지만 육아는 그것과는 상황이 다릅니다. 아이가 이유 없이 짜증을 내거나 울 때, 부모로서 우리는 그 원인을 찾으려고 합니다. '왜 그럴까?' '무엇이 잘못된 걸까?' 하고 끊임없이 생각하며 아이의 감정을 분석하려고 합니다.

　그러나 육아는 예측할 수 없는 변수로 가득한 변화무쌍한 여정입니다. 아이의 감정은 때로는 그 이유가 너무 복잡하거나, 분명하지 않을 때도 많습니다. 심지어 이유를 찾으려 노력하는 것 자체가 오히려 상황을 악화시키기도 하죠. 그렇다면 상황을 있는 그대로 받아들이고 아이가 느끼는 감정을 존중하는 태도가 더 도움이 될 것입니다. 아이가 울거나 짜증을 내는 이유를 정확히 알 수 없다면, 그저 그 감정을 인정하고 함께 있어 주는 것이 중요합니다. '그럴 수도 있겠구나' 하고 받아들이는 마음이 필요할 때도 있다는 것을 시간이 지나면 깨닫게 될 것입니다.

　육아에서의 고민과 고단함은 누구에게나 존재합니다. 매일매일 달라지는 아이의 모습에 우리는 부모로서 끊임없이 고민합니다. 우리가 지나치게 비교하거나, 다른 부모들과 자신을 견주며 탓하거나, 모든 일의 원인에 집착한다면, 결국 그것이 우리를 더 지치게 만들 뿐이라는 사실을 알아야 합니다. 육아는 이러한 함정에 빠지지 않도록 끝없는 시험을 치르는 과정이라고 생각합니다.

아이의 웃음과 작은 성장, 그 모든 순간은 그 자체로 소중하고 의미 있는 시간입니다. 부모는 아이와 함께하는 이 여정 속에서 때로는 힘들고, 때로는 지치기도 하지만, 고단함 속에서도 기쁨을 찾아가야 합니다. 아이의 손을 잡고 함께 걸어가는 길이 얼마나 소중한지를 알게 될 때, 어떤 어려움도 이겨 낼 수 있는 힘이 생깁니다.

오늘도 내일도 아이와의 여정을 소중하게 여기며, 그 속에서 느끼는 기쁨과 사랑을 가슴에 품고 하루하루 힘을 내어 살아가기를 바랍니다.

> 하루 5분 힐링 필사

아이의 웃음과 작은 성장, 그 모든 순간은
그 자체로 소중하고 의미 있는 시간입니다.
부모는 아이와 함께하는 이 여정 속에서
때로는 힘들고, 때로는 지치기도 하지만,
고단함 속에서도 기쁨을 찾아가야 합니다.
아이의 손을 잡고 함께 걸어가는 길이
얼마나 소중한지를 알게 될 때,
어떤 어려움도 이겨 낼 수 있는 힘이 생깁니다.

감정 돌보기 연습 "비슷한 감정을 느껴 본 적이 있나요?"
그 순간의 나를 위한 위로와 응원의 말을 건네 볼까요?

거울에 비친
나를 바라볼 때

    지친 하루의 끝, 아이를 재우고 조용해진 방 안에서 문득 거울 속 나와 눈이 마주칩니다.

    바지에는 오늘 아침 서둘러 먹이다 흘린 오트밀 이유식 자국이 말라붙어 있고, 언제 샀는지도 가물가물한 오래된 티셔츠는 아이가 몇 번이고 잡아당겨 목이 늘어나 있습니다.

    TV 속 연예인들은 아이 낳고도 몇 달 만에 잘록한 허리로 돌아가던데, 마치 바람 빠진 풍선처럼 축 늘어진 뱃살이 오늘따라 유독 눈에 밟힙니다.

    온종일 아기띠를 맨 탓에 여기저기 쑤시고, 어깨는 자꾸 안으로 말려만 갑니다. 특히 아이를 안고 수유를 하면서 무리한 탓에 보호대를 한 손목에 아릿한 통증이 밀려듭니다.

    아이 손에 잡히지 않게 대충 집게 핀으로 올려 묶은 머리칼은

헝클어져 있고, 염색한 지 도 오래되어 흰머리가 삐죽 자라나 있습니다.

며칠째 잠을 못 자서 다크서클이 판다가 친구 삼을 정도까지 내려와 있고, 생기 넘치던 얼굴은 사라져 버린 지 오래되었습니다. 화장기 없는 칙칙한 얼굴에 전에 없던 주름이 자리 잡았습니다.

'이게 정말 나야? 왜 이렇게 변했을까?' 괜히 마음이 더 무거워집니다.

이런 마음이 들 때면, 거울 속 나에게 말을 걸어 주세요.
"○○아, 정말 수고 많았어. 가족을 위해 이렇게나 애쓰고 있는 너, 너무나도 대견해."라고요.

영화 〈원더〉에 이런 대사가 나옵니다.

We all have marks on our face.
우리는 모두 얼굴에 흔적을 가지고 있어.
This is the map that shows where we've been
이 자국은 우리가 어떻게 살아왔는지 보여 주는 지도 같은 거야.
and it's never, ever ugly.
그리고 그건 절대 추할 수가 없단다.

지금 이 모습이 바로 내가 얼마나 사랑을 쏟아붓고 살아가고 있는지를 보여 주는 흔적이 아닐까요? 매일 아침 아이의 웃음소리에 눈을 뜨고, 울음을 달래고, 이유식을 먹이고, 기저귀를 갈고, 그 작은 생명을 위해 하루를 온전히 바치고 있는 모습이요. 그 시간들이 고스란히 내 몸에, 내 얼굴에 남아 있는 거예요.

어쩌면 흐트러진 내 모습은 적어도 어린아이를 키우는 인생의 지점에서는 올바른 방향으로 가고 있음을 나타내는 아주 분명한 증거일지도 모릅니다. 그렇게 생각하니 거울 속 모습이 결코 초라하거나 못나 보이지 않습니다.

나에게 조금 더 다정해지세요. 내일은 짧게라도 산책을 나가 보세요. 햇살이 따뜻하게 등을 토닥여 주고, 살랑이는 바람이 마음 구석구석을 쓰다듬어 줄 것입니다.

잠시 멈춰 서서, 나뭇잎 흔들리는 소리에 귀 기울이고, 익숙한 길 위에서 아주 작은 평화를 마주하려 해 보세요.

그냥 조용히, 나답게, 아무것도 하지 않아도 괜찮은 시간. 한 잔의 커피처럼 마음속을 데워 줄 그런 순간이면 충분할 것 같아요. 그리고 그 시간이 끝나고 다시 집으로 돌아가면, 조금은 더 단단해진 나로, 다시 아이를 안아 줄 수 있을 것입니다. 어쩌면 그게, 지치고 어지러운 하루 속에서도 나를 다시 살아나게 하는 마법인지도 모르겠습니다.

(하루 5분 힐링 필사)

나에게 조금 더 다정해지세요. 내일은 짧게라도 산책을 나가 보세요.

햇살이 따뜻하게 등을 토닥여 주고,

살랑이는 바람이 마음 구석구석을 쓰다듬어 줄 것입니다.

(감정 돌보기 연습) "비슷한 감정을 느껴 본 적이 있나요?"
그 순간의 나를 위한 위로와 응원의 말을 건네 볼까요?

우리 아이만
이렇게 키우기 힘든 걸까?

　육아를 하다 보면 문득 '왜 우리 아이만 이렇게 키우기 힘들까?'라는 생각이 들 때가 있습니다. 다른 아이들은 밥도 잘 먹고, 밤에도 푹 자고, 혼자서도 잘 노는 것 같은데, 우리 아이만 유난히 까다롭고 키우기 힘든 것 같다는 생각이 들죠. 손목이 끊어질 것처럼 오랜 시간 트림을 시켜야 겨우 안정을 취하는 아이, 눕히는 순간 침대에 등이 닿기만 해도 금세 깨는 아이, 하루에도 몇 번씩 변을 보고, 아주 작은 소리에도 깜짝 놀라 울음을 터뜨리는 아이, 몇 시간 공들여 만든 이유식도 먹자마자 뱉어 내는 아이, 고집이 세고 밥을 거부하는 아이….

　이런 상황은 특정한 누군가의 이야기 같지만, 사실은 수많은 부모들이 겪고 있는 일상이기도 합니다. 그럴 때면 도대체 누굴 닮았냐며 원망 섞인 말이 입 밖으로 나올지도 모릅니다. 하지만 가만히 생각해 보면, 누구겠어요? 우리 부부가 사랑으로 만나 만들어 낸 소중한 존재, 우리가 직접 이 세상에 데려온 바로 그 아이인 걸요.

육아는 누구에게나 낯설고 어렵습니다. 어느 날은 내가 부족한 부모처럼 느껴지고, 또 어떤 날은 아이가 너무 힘들고 벅차게 느껴집니다. 하지만 이런 생각이 들 때일수록 꼭 기억했으면 합니다. 우리 아이만 그런 게 아니라는 것, 그리고 지금 이 시간에도 수많은 부모들이 저마다 다른 방식으로 '키우기 힘든' 순간들을 견디고 있다는 사실을요.

만약 지금 당신이 너무 지치고, 버겁고, '이렇게까지 해야 하나' 싶은 하루를 보내고 있다면, 그 감정들을 기록으로 남겨 보세요. 거창한 형식이 아니어도 괜찮습니다. 몇 줄의 일기, 짧은 음성 녹음, 아이와 함께한 영상을 담아 놓으세요. 오늘 당신이 어떤 마음으로 하루를 견뎠는지를 기록해 두는 것입니다. 우리는 육아의 힘든 순간들을 시간이 지나면 언제 그런 일이 있었냐는 듯 잊어버립니다. 분명히 너무 고되고 괴로웠던 순간이었는데, 웃으며 "그때는 그랬지."라고 말하게 될 날이 곧 옵니다. 심지어 그때의 기억이 왜곡되어 아름답게 포장되기도 하죠. 그래서 더더욱 지금의 감정을 진실하게 기록해 두는 것이 중요합니다. 시간이 흐른 후, 아이가 밥을 너무 잘 먹고 밤에도 푹 자는 시기가 오면, 우리는 가끔 그 기록을 들춰 보며 '아, 이때 정말 힘들었구나. 그래도 잘 버텼네. 내가 참 애썼구나!' 스스로를 다독이게 될 겁니다.

이 기록들은 나중에 아이에게도 큰 의미가 됩니다. 아이가 자라 사춘기를 지나며 부모에게 반항할 때, 어쩌면 이런 말을 할지도 모릅니다.

"엄마 아빠가 나한테 해 준 게 뭐가 있어?"

그때 "해 준 게 왜 없어? 키우느라 얼마나 고생했는데!" 하고 화내는 대신 예전의 기록들을 꺼내 보여 주면 어떨까요? 아이를 안고 밤새 잠을 설치며 울고 있던 영상, 오랜 시간을 들여 만든 이유식을 야속하게 뱉어 내는 아이 앞에서 허탈한 웃음을 짓는 모습, 그리고 '내일은 조금 더 잘 먹어 줬으면 좋겠다'라는 글 한 줄이 그 어떤 말보다 깊고 따뜻한 사랑으로 전달될 것입니다.

기쁨, 좌절, 분노, 눈물, 뿌듯함, 감사함…. 이 모든 감정은 그냥 흘려보내기엔 너무도 소중합니다. 그것은 지금 이 순간, 누군가의 엄마로, 아빠로 살아가는 당신의 존재를 증명하는 귀한 조각들이니까요. 그러니 복잡하고 버거운 감정들마저도 꼭 안아 주세요. 오늘의 힘겨움은 언젠가 커다란 자랑이 되고, 지금의 기록은 먼 훗날 당신 자신을 따뜻하게 안아 줄 위로가 될 것입니다.

(하루 5분 힐링 필사)

복잡하고 버거운 감정들마저도 꼭 안아 주세요.
오늘의 힘겨움은 언젠가 커다란 자랑이 되고, 지금의 기록은
먼 훗날 당신 자신을 따뜻하게 안아 줄 위로가 될 것입니다.

(감정 돌보기 연습) "비슷한 감정을 느껴 본 적이 있나요?"
그 순간의 나를 위한 위로와 응원의 말을 건네 볼까요?

부모가 웃어야
아이도 웃을 수 있어요

어느 날 진료실에서 초등학교 3학년 아이에게 물었습니다.

"너는 언제 제일 행복해?" 그 아이는 조금 생각하더니 이렇게 대답했어요.

"음… 엄마가 기분 좋을 때요."

진료실을 찾은 수많은 아이들이 비슷한 말을 합니다. 엄마가 웃고 있으면 자기도 편하고, 엄마가 무표정이면 온종일 눈치를 보는 아이들. 아이들은 부모의 기분을 참 잘 압니다. 그리고 부모의 울적한 기분이 자신 때문일까 봐 더 착하게 행동하고, 더 잘하려 애쓰곤 합니다.

부모님들과 상담을 하다 보면 이런 얘기를 자주 듣습니다.

"저는 좀 힘들어도 아이는 행복했으면 좋겠어요."

"제가 참으면 되죠, 뭐. 애만 잘 클 수 있다면요."

그런데요, 진심으로 아이가 행복해지길 바란다면 먼저 부모 자신이 편안해져야 합니다.

한국은 OECD(경제협력개발기구) 국가 중에서도 아동 행복지수가 하위권에 속합니다. 왜 그럴까요? 공부를 너무 많이 시켜서? 경쟁 사회라서? 그뿐만은 아닐 것입니다. 아이들의 행복은 부모의 행복과도 크게 연결되어 있습니다. 우리나라 부모들의 행복도, 삶의 만족도는 어떤가요? 한국의 국가 행복지수 순위 역시 OECD 38개국 중 33위로(2024년 기준), 매우 하위권에 머무는 것으로 나타났습니다.

부모가 너무 지쳐 있고, 너무 힘겨운 마음으로 아이를 키우고 있기 때문에 우리 아이들도 마음껏 행복하지 못한 것은 아닐까요?

'나는 불행하지만, 너는 행복하게 살아라' '뒤처지면 안 된다' '이 정도는 해 줘야 한다'는 생각은 아이를 위한 마음처럼 보이지만 사실은 정답이 아닐 수도 있습니다.

'이게 진짜 내가 원하는 것이 맞나?'

'아이와 나에게 정말 필요한 것은 무엇일까?'

'지금 내 마음에 얼마만큼의 여유가 있는가?'

'내가 먼저 지치지 않으려면 무엇을 내려놔야 하나?'

우리는 무엇인가를 더 많이 해 주려고 하기보다 좀 더 편안해지는 방법을 찾아야 합니다.

아이와 우리에게 필요한 건 거창한 행복이나 아주 긴 휴가 같은 것이 아닙니다. 그저 소소하게 아이스크림 하나 먹을 수 있는 여유, 아이와 함께 누워서 책 한 권 읽을 수 있는 시간, 그 정도로 충분합니다.

오늘, 그저 평범한 일상, 아니 힘든 하루였더라도 그중에 잠시라도 웃는 순간이 있었다면 그 순간들을 아이와 함께 나누고, 더 오래 기억하고 가치를 두세요. 아무리 힘든 삶일지라도 즐거운 순간들은 매일 찾을 수 있습니다.

오늘은 나를 위해서 그리고 나를 바라보는 아이를 위해서 나에게 좋은 시간을 선물해 주세요. 따뜻한 커피 한 잔과 함께하는 잠깐의 쉼. "나 지금 힘들다"고 말할 수 있는 용기. 그것이 바로 나와 내 아이가 편안해지는 첫걸음입니다. 아이를 행복하게 해 주기 위해서 고민하는 그 순간들 속에 부모인 '나'는 잘 지내고 있는지 잘 챙겨 주세요. 부모가 웃고 있을 때, 아이도 함께 웃을 수 있으니까요.

> 하루 5분 힐링 필사

아이를 행복하게 해 주기 위해서 고민하는 그 순간들 속에
부모인 '나'는 잘 지내고 있는지 잘 챙겨 주세요.
부모가 웃고 있을 때, 아이도 함께 웃을 수 있으니까요.

> 감정 돌보기 연습   "비슷한 감정을 느껴 본 적이 있나요?"
그 순간의 나를 위한 위로와 응원의 말을 건네 볼까요?

육아 우울증,
진짜 내가 문제인 걸까?

　진료실에서 눈물을 쏟아 내는 엄마가 있습니다. 너무 힘들고 지치다고, 아이에게 잘해 주고 싶은데 작은 일에도 화가 나고, 솔직히 아이를 보기 싫을 때도 있다고 고백합니다. 그런 생각을 하는 자신이 싫고 소름 끼친다고도 말합니다.

　"선생님 저 왜 이럴까요? 남편도 육아를 충분히 하고 있고, 아이도 어린이집에 다니고, 남들 다 하는 육아인데 저만 왜 이런 걸까요? 어렸을 때 사랑을 많이 못 받아서 그럴까요? 이런 제 마음을 아이가 다 아는 것만 같아요."

　어디 속 시원히 말할 곳도 없었던 엄마는 그렇게 한참을 울었습니다. 아이가 태어나고, 주변 사람을 모두가 축하를 건넵니다. 축복이, 사랑이, 행복이… 태명처럼 사랑과 행복만 있어야 할 임신과 출산, 육아의 순간들이 행복하지만 않은 것은 누구의 잘못일까요? 원인은 어디에서 찾아야 할까요?

 인간은 뭔가가 잘못되면 원인을 찾아 분석하고 이를 해결하고자 합니다. 이유라도 알아야 마음이 조금은 편해지기 때문이죠. 이유를 알면 해결책이 더 잘 보일 것이라고 믿으며 원인 찾기에 몰두합니다. 하지만 사실 산다는 것은 그렇게 뚜렷한 이유가 없을 때가 많은 것 같습니다. 수학 공식이나 과학 법칙처럼 원인과 결과가 명확하지 않은 것이 우리들의 삶이기 때문이겠죠. 하물며 한 인간이 태어나고 자라는 과정은 어떨까요?

 사실 저는 출산과 육아보다 임신 10개월이 더 힘들었습니다. 임신 과정의 모든 산전 검사에서 기준점을 넘어서, 거의 모든 테스트라는 테스트는 다 한 것 같습니다. 30년 평생에 처음으로 식욕도 떨어져 보고, 난생처음 맘 카페도 가입해 보았습니다. 확실한 것은, 아이를 세상에 데리고 오는 과정, 그 아이를 한 독립된 인간으로 키워 내는 과정은 아마도 이 세상에서 가장 강력하면서도 많은 변화를 일으키는 일이 아닐까 싶습니다. 아니, 생각해 보세요. 뱃속에 아이를 10개월 데리고 다닌다니요? 쉬운 일이 아니죠.

 그러한 과정 속에서 엄마는 생리학적, 심리적, 신체적 변화를 겪습니다. 호르몬과 신경전달물질의 변화에 따라 다양한 변화를 감당해 내야 하는 시기이죠. 임신과 출산은 우리에게 무엇과도 바꿀 수 없는 생명체를 안겨 주는 아름다운 과정인 것은 틀림없지만, 그것에 따른 대가 또한 무시할 수 없습니다. 어떤 엄마는 출산 후 합병증으로 고혈압이나 당뇨가 생기기도 하고, 또 어떤 엄마는 산후우울증이 생기기도 합니다.

   이것은 절대 누구의 탓이 아닙니다. 원인을 찾지 않아도 됩니다.

   '내가 사랑을 못 받아서 우울증에 걸렸나?'

   '내가 모성애가 없어서 그런가?'

   '내가 준비 없이 엄마가 되어서인가?'

   내 탓을 하지 마세요. 지금 생각해야 할 것은 임신과 출산 그리고 육아를 하고 있는 내 몸을 살피는 것입니다. 원인은 나중에 생각해도 좋아요. 지금 내가 우울하고 힘들다면 그 이유가 무엇이든, 우선 도움을 받으세요. 왜냐하면 당신은 그만큼 중요하고 대단한 일을 해냈기 때문입니다.

하루 5분 힐링 필사

내 탓을 하지 마세요.
지금 생각해야 할 것은 임신과 출산 그리고
육아를 하고 있는 내 몸을 살피는 것입니다.

감정 돌보기 연습 "비슷한 감정을 느껴 본 적이 있나요?"
그 순간의 나를 위한 위로와 응원의 말을 건네 볼까요?

당신 탓이 아닐 수도 있습니다

'내가 부족한 걸까? 왜 이렇게 힘들지?' 오늘도 자책하며 하루를 마무리하고 있나요?

유독 육아가 힘들 때가 있습니다. 아무리 사랑과 인내심을 갖고 아이를 돌봐도 돌아오는 건 아이의 울음과 짜증뿐인 날들이 많죠. 이런 순간이 반복되면 부모는 자연스레 스스로를 돌아보며 탓하기 시작합니다. 하지만 자세히 들여다보면 사실 육아의 어려움은 부모의 능력 부족 탓만이 아닐 수도 있습니다.

까다로운 기질을 타고난 아이들이 있습니다. 감각이 남달리 예민해서 작은 소음이나 옷의 촉감 하나까지 불편해하는 아이, 주변 자극에 민감하게 반응하여 쉽게 울거나 짜증을 내는 아이죠. 이런 아이들은 경험이 풍부한 육아 전문가에게도 버겁게 느껴질 수 있어요. '애들은 다 그런 거 아냐?' 생각할 수도 있지만, 육아 난이도는 아이들마다 조금씩 차이가 있습니다.

또 하나는 바로 부모 자녀 관계의 궁합입니다. 부모 자녀 사이에도 궁합이 있냐고요? 네, 부모-자녀 적합성*Parent-child Fitness*이란 개념이 있습니다. 이는 아이의 기질과 부모의 양육 방식이 서로 잘 맞아떨어져, 아이가 편안하고 건강하게 자랄 수 있는 환경을 만드는 것을 뜻합니다. 즉, 부모와 아이의 특성과 성향이 얼마나 서로 잘 이해되고 조율될 수 있는지를 나타내는 개념입니다. 예를 들어, 부모가 활동적이고 사교적인 성향인데 아이는 내향적이고 자극을 회피하는 성향이라면, 부모의 눈에 소심해 보이는 아이를 부모는 답답해하고, 아이 또한 매일 새로운 곳에 데리고 가는 부모 때문에 힘들 수 있습니다. 반대로 부모가 조용하고 차분한 스타일인데 아이가 과도하게 활동적이라면, 부모는 아이를 통제하기 어렵고 아이와의 소통에서 스트레스를 받을 가능성이 높습니다. 이 개념은 부부 아동정신과 의사인 토마스와 체스(Thomas&Chess)에 의해 처음 소개되었는데, 이들은 부모와 아이의 특성이 잘 맞지 않을 경우 양육 스트레스가 증가하고, 이로 인해 부모가 자신을 부족한 부모라고 인식하는 경향이 높아진다고 설명했습니다.

이러한 관점에서 보면, 육아의 어려움은 단순히 부모의 능력이

나 노력이 부족한 것이 아니라, 부모와 아이의 서로 다른 특성이 충돌하는 데서 비롯될 수 있습니다. 그래서 육아가 힘들고, 아이 키우는 게 쉽지 않은 것이 전적으로 부모의 탓만은 아니라는 거죠. 부모의 양육 능력 자체가 절대적인 기준으로 평가되는 것이 아니라, 아이의 기질과 부모의 특성이 얼마나 잘 맞는지, 즉 부모와 자녀의 '합치도<i>Goodness-of-fit</i>'에 초점을 맞춘 것이 바로 궁합입니다. 부모-자녀 적합성 이론은 부모가 자신을 비난하지 않고, 자신과 아이의 기질을 있는 그대로 이해하고 인정하며, 보다 편안하고 현실적인 육아 태도를 가질 수 있도록 돕는 개념이죠.

마지막으로 기억해야 할 것은, 성향이 다르다고 해서 꼭 사이가 안 좋으리란 법은 없다는 것입니다. 사실 부부 관계를 봐도 서로 다른 점을 좋아해서 끌리기도 하고, 또 살다 보면 다른 점을 서로 보완해 주기도 합니다. 내 아이가 나와는 조금 다른 성향과 기질을 타고났다 하더라도, 이를 잘 조율한다면 그 어떤 부모 자녀보다 더 좋은 합을 이루어 낼 수 있습니다. 한 팀으로 말이죠.

그러니 육아가 어려울 때, 버거울 때, 너무 자신을 탓하지 마세요. '아, 우리 아이는 좀 섬세한 스타일이군. 나중에 아주 다정하고 신중한 사람이 되겠어. 하하하하' 하고 긍정적으로 바라보는 여유를 가졌으면 좋겠습니다.

부모는 자신의 능력을 폄하하거나 비난하지 않고, 아이의 있는 그대로를 바라보며 이해하는 태도, 그리고 보다 편안하고 현실적인 목표를 갖는 것이 중요합니다.

조금 까다로운 아이를 키우는 것, 나와는 다른 생명체를 이해하는 것은 마치 높은 산을 오르는 것과 같습니다. 정상에 도달하는 것만이 중요한 것이 아닙니다. 때로는 중턱에서 경치를 즐기고 쉬어 가는 것도 좋은 방법입니다. 모든 걸 완벽하게 하려고 하지 않아도 괜찮습니다. 목표치를 조금 낮추고, 아이와의 관계를 천천히, 편안하게 바라보세요. 무엇보다 중요한 것은 아이가 지금 당장 원하는 모든 것을 해 주는 것이 아니라, 아이의 곁에서 지속적으로 함께하는 것입니다.

(하루 5분 힐링 필사)

모든 걸 완벽하게 하려고 하지 않아도 괜찮습니다.

목표치를 조금 낮추고,

아이와의 관계를 천천히, 편안하게 바라보세요.

무엇보다 중요한 것은

아이가 지금 당장 원하는 모든 것을 해 주는 것이 아니라,

아이의 곁에서 지속적으로 함께하는 것입니다.

감정 돌보기 연습　"비슷한 감정을 느껴 본 적이 있나요?"
그 순간의 나를 위한 위로와 응원의 말을 건네 볼까요?

눈물을 참는 아이보다, 감정을 말할 수 있는 아이로 자라나게 해 주세요

    콩쥐는 억울한 상황에서도 울지 않았고, 심청이는 아버지를 위해 자신을 희생했으며, 신데렐라는 온갖 부당한 일을 겪으면서도 불평 없이 참고 견뎠습니다. 어릴 적 우리는 그런 아이들을 보며 '착하다' '훌륭하다'고 배워 왔지요. 하지만 지금, 부모가 되어 다시 생각해 보게 됩니다. 과연 이 아이들은 마음이 건강한 아이였을까요?

    정서적으로 안정된 아이란 억울함을 표현하지 못하고, 울고 싶을 때 울지 못하고, 늘 얌전하고 참는 아이가 아니라는 것을 우리는 이미 알고 있습니다. 아이는 자신의 감정을 제대로 느끼고, 표현할 수 있으며, 그것이 중요하게 여겨지고 수용된다는 것을 경험하고 느끼면서 성장해야 합니다. 기쁨은 물론 슬픔도, 화도, 서운함도, 그 모든 감정이 허락된 관계 속에서 아이는 안심할 수 있습니다.

디즈니 영화 〈인사이드 아웃〉에서는 이야기합니다. 기쁨, 슬픔, 분노, 두려움, 혐오. 이 다섯 가지 감정 모두가 아이의 마음을 구성하는 중요한 감정이라고요. 부모가 슬픔을 밀어내면, 아이는 그 감정을 '나쁜 것'으로 오해하게 됩니다. 부모가 화를 참기만 하면, 아이는 분노라는 감정을 표현하지 못하게 됩니다. 감정을 드러내지 않고 억누르는 게 어른스러움이라고 생각하는 사회 속에서, 우리는 자주 '잘 참는 아이'를 성숙한 아이로 착각하곤 합니다. 하지만 조용한 아이가 감정을 잘 조절하는 아이는 아닐 수 있습니다. 말을 아끼는 아이가 속이 편한 건 아닐 수 있습니다. 특정 감정을 느끼거나 표현하면 안 된다고 배운 아이들은 감정들을 꾹꾹 눌러 놓게 되고, 어느 순간 억압된 감정에 압도되거나, 휘둘릴 수 있습니다. 숨겨 두거나 눌러 둔 감정이 없어지는 것은 아니거든요.

그래서 아이의 정서를 위해 부모가 해야 할 일은, 아이의 감정을 통제하거나 다그치는 게 아니라 그 감정을 알아차리고 받아 주는 일입니다.
"그럴 수도 있지."
"그랬구나. 속상했겠다."
"맞아. 엄마도 그럴 때는 많이 힘들었어."
이런 말은 아이의 감정을 단단하게 만들어 줍니다. 그리고 더 중요한 것은 부모인 나도 내 감정을 인정하고 표현하는 것입니다.

아이 앞에서 "오늘은 엄마가 좀 지쳤어." "아까는 미안했어. 엄마가 예민했나 봐." 자신의 감정, 특히 부끄러운 감정도 솔직하게 표현할 줄 아는 어른의 모습을 보여 주는 것. 그것이 바로 아이가 보고 배워야 할 모습입니다. 그것이 바로 가장 중요한, 진짜 '정서 교육'입니다.

정서적으로 건강한 아이는 무조건 밝고 명랑한 아이가 아닙니다. 자기 마음을 알아차리고 표현할 줄 알고, 슬픔이나 화도 '내가 느낄 수 있는 감정'이라고 받아들이는 아이입니다. 그리고 그런 아이는 감정을 자유롭게 드러낼 수 있었던 경험 속에서 자랍니다. 아이의 감정을 있는 그대로 받아 주고 싶다면, 부모인 나부터 나의 감정에 솔직해져야 합니다. 참지 않아도 된다고, 느껴도 괜찮다고, 나도 매일 그렇게 연습하고 있다고, 그걸 아이에게 말과 행동으로 보여 주세요. 당신이 감정을 건강하게 표현하는 모습, 그 자체가 아이에게는 가장 좋은 거울이 됩니다.

"*Fish Swim*(물고기는 헤엄치며)

Birds Fly(새는 날고)

and People Feel(인간은 느낀다)."

_하임 기너트, 《부모와 아이 사이》 중

> 하루 5분 힐링 필사

Fish Swim(물고기는 헤엄치며)

Birds Fly(새는 날고)

and People Feel(인간은 느낀다).

> 감정 돌보기 연습

"비슷한 감정을 느껴 본 적이 있나요?"
그 순간의 나를 위한 위로와 응원의 말을 건네 볼까요?

BIGGER
RESILIENT

6장. Resilient
회복탄력성

나 요새 좀 지쳐 있구나.
이럴 때일수록 내가 나를 다독여야지

완벽하려 애쓰지 마세요.
내려놓는 용기도 필요해요

　귀엽고 사랑스러운 아이에게 "너무너무 잘한다! 최고야!"라고 말하려다가, 잘못된 칭찬은 아이를 망친다는 말이 떠올라서 칭찬을 꿀꺽 삼킨 적이 있나요? 아이의 호기심을 충족시켜 줘야 한다는 의무감 때문에, 온종일 나를 따라다니며 "왜?" "왜?" "왜?" 묻는 아이에게 일일이 답해 주느라 지친 날은요?

　요즘 부모님들을 보면 정말 열심히 공부합니다. 육아서를 읽고, 강연을 듣고, 영상도 찾아보며 아이를 더 잘 키우기 위해 부지런히 애씁니다. 실수하지 않기 위해, 더 좋은 부모가 되기 위해 머릿속에 이론과 기술을 가득 입력합니다. 그런데 가끔은 머릿속에 넣는 게 너무 많아져서 막막해지기도 합니다. '이렇게 말하면 안 될 것 같고, 저렇게 하면 나쁠 것 같고…' 머릿속이 복잡해지면 아이

앞에서 오히려 우물쭈물하고, 내 행동에 자신이 없어집니다. 그래서 오늘은 이런 말을 전하고 싶습니다.

"조금 내려놔도 괜찮아요."

육아는 시험이 아닙니다. 정답을 찾는 퀴즈도, 점수를 매기는 평가도 아닙니다. 아이를 키우는 일은 시간 안에 정확한 정답을 맞혀야 하는 수학 시험이 아닙니다. 아이들도 입력한 대로 결괏값이 나오는 기계가 아닙니다. 육아는 그야말로 종합예술이라고 할 수 있죠. 책 한 권이나 강연 한 편으로 마스터할 수 있는 일이 절대 아닙니다.

수영을 배울 때, 처음에는 물에 뜨는 것조차 버거웠다가 점점 감을 익히고, 내 몸이 기억하며, 어느 순간 자연스럽게 움직이게 되는 것처럼 육아도 그렇습니다.

처음엔 긴장하고, 실수하고, 책에서 본 대로 되지 않아 속상할 때도 있을 거예요. 괜찮습니다. 아이와 함께 있는 시간을 몸으로 겪으며 마음으로 하나씩 배워 가면 됩니다. 아이를 잘 키우기 위해 열심히 공부했지만, 전문가들의 조언들이 오히려 나를 조급하게 만들고 있다면 그건 내려놓을 때라는 신호입니다.

육아서에 빼곡하게 담긴 조언들, 읽고 나서 잊어버려도 괜찮습니다. 한 권에서 단 하나의 문장만 남아도 좋습니다. 지금 나와 아이에게 정말 필요한 건 '이론을 잘 아는 해박한 부모'가 아니라

'아이 옆에 함께 있어 주는 부모'니까요.

  수많은 이론과 무거운 책임감, 육아 전문가들, 프로 참견러들, SNS의 홍수 속에서 살아남아야 합니다. 그러려면 머릿속의 'to do list'를 지워 나가세요. 육아는 덜어 낼수록 잘 보이는 게 있습니다.

  매 순간 이론과 완벽하게 일치하는 부모가 된다는 것은 환상입니다. 그 말도 안 되는 책임감에서 벗어나야 합니다. 너무 애쓰지 마세요. 그래야 '진짜' 부모가 될 수 있습니다. 좋은 부모는 기술이 아니라 태도로 결정됩니다. 100% 다 채우려고 하지 마세요. 까짓것 대충 하는 날도 있게 마련이지요. 아무리 대충 하는 날이라도 내 마음, 진심까지 대충인 것은 아니니까요.

> 하루 5분 힐링 필사

너무 애쓰지 마세요.
그래야 '진짜' 부모가 될 수 있습니다.
좋은 부모는 기술이 아니라 태도로 결정됩니다.

> 감정 돌보기 연습   "비슷한 감정을 느껴 본 적이 있나요?"
> 그 순간의 나를 위한 위로와 응원의 말을 건네 볼까요?

아이의 감정을 있는 그대로
부모의 그릇에 담아내 주세요

"이거 사 줘! 안 사 주면 나 안 가!"

아이가 마트 한복판에서 갑자기 바닥에 드러눕고 소리를 지르기 시작했습니다. 주변 시선은 따가웠고, 저는 얼굴이 빨개졌습니다. "그만해! 그만 좀 해!" 저도 모르게 아이에게 소리를 질렀고, 그 순간 아이는 더 크게 울며 발을 구르고, 난리가 났습니다.

집으로 돌아오는 길, 후회와 자책이 밀려왔습니다.

'왜 나는 그때 같이 무너졌을까?'

'나는 왜 아이의 감정을 받아 주지 못했을까?'

아이를 키우다 보면 누구에게나 이런 순간이 찾아옵니다. 그리고 우리는 그럴 때마다 깨닫습니다. 아이의 감정은, 부모가 크고 단단한 그릇이 되어 담아 주어야 한다는 것을 말입니다. 부모의 가장 중요한 역할 중 하나는 아이의 감정을 '담아내는 것 Containing'입니다. 단지 안아 주고 다독이는 것을 넘어서 미성숙한 감정, 통제되지 않은 감정, 제멋대로 튀는 감정까지 크고 안정된 마음으로 받아 주는 것이죠.

아무리 탱탱볼처럼 여기저기 튀는 아이도 부모가 흔들림 없이 중심을 잡고 있으면 언젠가는 멈춰 설 수 있습니다. 그런데 우리는 자주 아이의 감정에 휘말립니다. 아이의 떼, 분노, 좌절이 내 안의 불안과 자책을 건드릴 때 우리 안의 '감정 그릇'이 비좁고 얕다면 같이 화를 내거나, 도망치고 싶어지거나, 무너지게 됩니다.

그래서 단단하고 여유 있는 부모의 감정 그릇이 필요합니다. 크고 깊은 그릇은 아이의 울고 싶은 마음, 화나고 억울한 감정을 있는 그대로 받아 줄 수 있어요. 그 감정을 정리해서 '이런 마음은 괜찮은 거야' '엄마가 잘 보고 있어' 그렇게 담아 주면, 아이는 점차 스스로의 감정을 다루는 법을 배웁니다.

담아내는 것은 아무 말 없이 참는 것이 아닙니다. 감정을 억누르며 견디는 것도 아닙니다. 흔들리지 않고, 아이의 격한 감정 속에 함께 있어 주는 태도입니다.

그렇게 감정을 받아 줄 수 있을 때, 우리는 아이에게 이런 메시지를 전할 수 있습니다.

'너의 감정은 그것이 무엇이든 중요해. 엄마는 네가 느끼는 마

음을 이해하고 싶어. 다 토해 내도 괜찮아. 엄마는 무너지지 않아.'

이러한 부모의 단단함과 안정감이 아이를 키웁니다. 그리고 부모인 나도 이 과정을 통해 더 크게 자랍니다.

하지만 잊지 마세요. 단단하기 위해서는 감정 그릇에 여유가 있어야 한다는 것을요. 그릇이 꽉 차 있으면 아무리 좋은 재료도 넘쳐흘러 버립니다.

아이의 감정을 담기 전에 내 마음에는 지금 얼마만큼의 여유가 있는지 한번 들여다보세요. 지치고, 화가 나고, 속상하고, 눈물이 나는 날에는 마음을 꾹꾹 누르기보다 조금씩 비워 내야 할 때일지도 모릅니다.

울어도 괜찮습니다. 한숨이 나와도 어쩌겠어요. 혼자 있고 싶다는 생각도 괜찮아요. 부모가 된 우리는 누군가의 그릇이 되기 이전에, 스스로의 마음을 먼저 살필 수 있어야 합니다. 오늘 하루가 버거웠다면 이렇게 자신에게 조용히 말해 주세요.

"지금 내 마음이 조금 지쳐 있구나. 오늘은 내가 나를 먼저 다독이자."

아이의 큰 감정을 담아내기 위해 먼저 당신의 마음을 비워 주세요. 당신의 그 여유가 오늘도 내 아이를 지켜 줄 테니까요.

(하루 5분 힐링 필사)

아이의 큰 감정을 담아내기 위해 먼저 당신의 마음을 비워 주세요.
당신의 그 여유가 오늘도 내 아이를 지켜 줄 테니까요.

(감정 돌보기 연습) "비슷한 감정을 느껴 본 적이 있나요?"
그 순간의 나를 위한 위로와 응원의 말을 건네 볼까요?

세상에서 가장 모진 짝사랑

육아는 '부모가 아이를 영원히 짝사랑하는 것'과 같다는 생각을 합니다. 그것도 매우 애절하고 불공평한 일방적인 사랑. 부모는 아이가 태어나면서부터 무조건적인 사랑을 쏟습니다. 아이를 트림시킬 때, 그 작은 소리를 기다리며 손목이 저려도 아이를 안고 몇 시간을 토닥이며 보냅니다. 아이가 이앓이로 잠을 자다가 깨서 칭얼대면 밤새 보초를 서 가며 아이가 편안하게 잠들 수 있도록 잠자리를 살핍니다.

온종일 아이를 돌보느라 지치고, 아이가 쉼 없이 요구를 하거나 짜증을 낼 때면 누구라도 불쾌감을 느낄 수 있습니다. 그럼에도 불구하고 부모는 아이에게 화를 내거나 실망한 감정을 드러내지 않으려고 노력합니다. 어쩌다 아이에게 화를 내면 부모는 깊은 죄책감으로 베개에 눈물을 적시며 후회합니다. 평생 그 누구에게도 이렇게 끊임없는 관심과 사랑을 쏟아 본 적이 없을 것입니다. 그 사랑은 대가를 바라지도 않습니다. 부모가 아이에게 바라는 것은 그저 밝게 웃고, 아픈 곳 없이 건강하게 자라 주는 것뿐입니다. 부모는 아이의 웃음과 건강이면 그동안의 힘겨운 노고들을 '퉁치고도 남을 만큼' 보상받은 것처럼 느낍니다. '내리사랑'이라는 말이 괜히 나온 것이 아님을 깨닫습니다.

이 사랑은 때로는 불공평하고, 무조건적이며, 끝이 없을 것 같지만 사실 육아의 끝은 반드시 옵니다. 아이가 성인이 되어 독립적인 삶을 시작하면, 부모의 사랑은 자연스럽게 그 시점에서 일단락됩니다. 그동안 부모는 끝없는 사랑을 쏟았지만, 아이는 대부분 자신의 삶에 바쁘고 부모의 희생과 노고를 온전히 이해하지 못하는 경우가 많습니다. 부모는 아이에게 사랑을 쏟는 데 집중하는 시기가 끝나면, 그때부터는 부모라는 역할을 옆에 놓고 자신의 삶을 살아가게 됩니다. 그렇게 짝사랑은 일방적으로 끝나는 것이지요.

그럼에도 불구하고 대부분의 부모는 다시 태어나도 아이를 낳아서 기를 것이라고 말합니다. 왜일까요?

육아는 부모에게 끝없는 희생과 사랑을 요구하지만, 그 과정에서 느끼는 성취감과 기쁨은 그 무엇과도 비교할 수 없을 만큼 값진 경험이기 때문입니다. 부모는 자녀의 성장 과정을 지켜보며 그 안에서 벅찬 감동과 기쁨을 느끼고, 이것이 그들의 삶에 있어 중요한 의미를 부여한다고 느끼기 때문입니다.

　육아育兒라는 단어는 '기를 육育', '아이 아兒' 두 한자로 이루어져 있습니다. 하지만 이 말은 단순히 어린아이를 돌보는 행위만을 의미하는 것이 아닙니다. 육아는 그저 돌보는 것 이상의, 부모와 자녀 간의 깊은 사랑과 관계를 기른다는 의미도 포함되어 있다고 생각합니다. 육아는 아이를 기르는 것과 동시에 자기 자신을 기르는 과정이기도 합니다. 그래서 육아育兒임과 동시에 육아育我라는 의미가 숨어 있는지도 모릅니다. 부모는 자녀를 돌보며 나 자신을 성장시키고, 더 큰 삶의 목적과 의미를 깨닫습니다. 자신의 일부를 내주며 아이의 행복을 위해 살아가는 과정에서, 부모는 자기 자신을 돌아보며 성숙해지기 마련입니다. 부모와 자녀는 서로를 성장시키는 역할을 합니다.

　어쩌면 육아는 '모질고 불공평한 짝사랑'이 아니라 '가장 위대한 짝사랑'일지도 모릅니다. 부모는 아이에게 무엇을 주고 무엇을 받는지에 대한 계산 없이, 아이의 성장을 위해 모든 것을 다 줍니다. 그 사랑은 위대합니다. 사랑으로 한 사람의 삶을 변화시키고, 그 마음은 영원히 마음속에 살아 숨 쉬기 때문입니다.

　육아는 불완전해 보일 때가 많지만, 그 속에서 부모와 자녀가 서로를 성장시키며 이루어지는 위대한 사랑이 아닐까요?

(하루 5분 힐링 필사)

어쩌면 육아는 '모질고 불공평한 짝사랑'이 아니라
'가장 위대한 짝사랑'일지도 모릅니다.

(감정 돌보기 연습)   "비슷한 감정을 느껴 본 적이 있나요?"
　　　　　　　　　그 순간의 나를 위한 위로와 응원의 말을 건네 볼까요?

아이의 미래를 속단하지 마세요

　아이의 성장은 부모의 기대와는 달리 항상 정해진 규칙대로 흘러가지 않습니다. 어제와 오늘이, 오늘과 내일이 마치 전혀 다른 존재로 태어나는 듯한 아이의 변화는 놀랍고, 때로는 당황스럽기까지 합니다. 부모의 눈에는 작은 변화 하나하나가 커다랗게 느껴지고, 아이가 울거나 먹지 않거나 잠을 설치는 것만으로도 마음속에 커다란 불안이 밀려옵니다.

　그러나 기억해 주세요. 지금의 모습이 아이의 전부는 아니며, 아이는 앞으로도 수많은 가능성과 함께 계속 자라날 존재라는 사실을요.

　소아과 진료실에 있다 보면, 다양한 감정을 넘나드는 부모의 얼굴을 매일 마주하게 됩니다. 갓 태어난 아기를 품에 안고 온 초보 부모님, 열이 나는 아이를 걱정스러운 눈으로 바라보는 엄마, 평소와 달라 보이는 아이의 행동에 대해 조심스레 질문을 던지는 아빠…. 아이의 옹알이와 울음소리, 작은 몸짓에도 부모들은 금세 웃기도 하고, 불안해지기도 합니다. 그럴 때마다 이 말을 부모님들에게 자주 해 드립니다.

"아이를 지금 있는 모습 그대로 보지 말고, 앞으로 자라날 가능성으로 바라보세요."

이는 몬테소리 교육법의 창시자인 마리아 몬테소리(Maria Montessori)가 쓴 지혜로운 문장을 잠깐 빌려 온 것이기도 합니다.

"Do not look at the child as he(she) is, but as he could become(아이를 있는 그대로 보지 말고, 그가 될 수 있는 존재로 보세요)."

갓 태어난 아기의 키는 고작 50cm 남짓이지만, 불과 4~5년이 지나면 100cm를 넘기고, 누워만 있던 몸은 앉고 서고 걷는 기적을 보여 줍니다. 그야말로 매일이 성장의 연속입니다. 어제는 딸랑이를 잡지 못하던 손이 오늘은 블록을 쌓고, 며칠 전까지만 해도 "응애!" 하고 울던 아기가 어느새 "엄마" "아빠"를 부르며 다가옵니다. 아이의 성장은 빠르게 전개되는 드라마와도 같아, 예측할 수 없는 방향으로 흘러갑니다.

하지만 우리는 종종 그 미래를 너무 일찍 속단해 버립니다. 잠을 잘 못 자는 아이를 보며 '평생 수면장애로 고생하는 것이 아닐까?' 걱정하고, 이유식을 거부하는 아이를 보며 '이렇게 계속 안 먹으면 영양부족이 생겨 키가 잘 크지 않는 건 아닐까?'라는 고민에 빠집니다. 작은 문제 하나가 아이의 미래를 결정지을 것만 같아 두려워하죠. 물론 부모로서 그런 걱정을 하는 것은 당연합니다. 하지만 한 걸음 뒤에서 보면, 아이의 성장에는 놀라운 회복력과 유연성이 존재합니다.

 소아과 의사로서 한 병원에서 10년 넘게 진료하다 보면, 신생아 시절부터 보던 아이가 어느새 사춘기 청소년이 되어 다시 진료실을 찾는 모습을 자주 보게 됩니다. 예전에는 새벽마다 깨서 울던 아기가 아침잠이 많은 중학생이 되어 있고, 이유식을 잘 안 먹어서 걱정시키던 아이가 자라서는 과체중으로 고민하기도 합니다. 현재 부모가 걱정하는 많은 문제들은 결국 시간이 지나면 다른 모습으로 바뀌어 있습니다. 그래서 지금 겪고 있는 어려움은 충분히 공감되지만 '영원한 모습'이 아니라 '변화의 일부'일 뿐이라는 것을 강조하고 싶습니다.
 아이의 성장은 마치 변화무쌍한 날씨와도 같습니다. 화창한 하늘 아래에서 비가 내리고, 갑작스러운 폭풍 뒤에 다시 햇살이 비추듯이, 예측 불허의 흐름이 반복되죠. 그렇기 때문에 지금 당장의 어려움에 너무 큰 의미를 부여하거나 그 모습을 아이의 '성격'이나 '능력'이라고 단정 짓지 마세요.

우리는 그저 아이의 항해를 함께하는 항해사일 뿐입니다. 다가오는 파도를 정확히 예측할 수는 없지만, 그 순간순간을 함께하며 균형을 잡고 나아가는 존재입니다. 아이는 우리 생각보다 훨씬 더 회복탄력성이 뛰어나고, 상상 이상의 가능성을 지닌 존재입니다.

흙 속의 씨앗이 언젠가 꽃을 피우듯, 아이 또한 자신의 속도로 성장하고 있습니다. 때로는 속도가 느릴 때도 있고, 때로는 예기치 못한 방향으로 향할 수도 있습니다. 그러나 결국 아이는 자기만의 방식으로 세상에 피어날 것입니다.

그러니 오늘의 작은 어려움에 절망하지 마세요. 아이의 무한한 가능성을 믿고, 따뜻한 시선으로 지켜봐 주세요. 아이의 성장을 믿는 것, 그것은 곧 부모 자신의 마음을 믿는 것이기도 합니다. 지금의 고민과 경험들은 언젠가 아이와 함께한 시간을 아름답게 기억하게 해 줄 소중한 추억이 될 것입니다.

> 하루 5분 힐링 필사

우리는 그저 아이의 항해를 함께하는 항해사일 뿐입니다.
다가오는 파도를 정확히 예측할 수는 없지만,
그 순간순간을 함께하며 균형을 잡고 나아가는 존재입니다.
아이는 우리 생각보다 훨씬 더 회복탄력성이 뛰어나고,
상상 이상의 가능성을 지닌 존재입니다.

감정 돌보기 연습 "비슷한 감정을 느껴 본 적이 있나요?"
그 순간의 나를 위한 위로와 응원의 말을 건네 볼까요?

아이는 끊임없이
어른을 용서한다

"엄마, 저 심심해요… 언제 집에 도착해요?"

지하철 한편에서 들려온 작은 목소리에 고개를 돌렸습니다. 6살쯤 되어 보이는 여자아이가 엄마를 올려다보고 있었어요. 엄마는 아이 앞에 서서 책을 읽고 있었고, 그 속에 푹 빠진 채 아이의 말을 몇 번이나 흘려보내고 있었습니다. 그럼에도 불구하고 아이는 계속 엄마를 바라보고 있었습니다. 그 눈빛은 단지 관심을 받고 싶다는, 아주 단순하고 순수한 기대였습니다. 놀라웠던 건 엄마가 읽고 있던 책이었습니다. 아이의 정서 발달을 위한 육아서였어요. 아이를 더 잘 이해하고자 하는 마음으로 읽는 책이었겠지만, 정작 바로 앞에 있는 아이의 외로움은 보지 못하고 있었습니다. 아이는 책에 시선을 고정하고 있는 엄마를, 마치 한 번이라도 자신을 봐주기를 기다리는 듯한 눈빛으로 뚫어져라 바라보고 있었습니다.

한참이 지나 엄마가 고개를 들고 아이와 눈을 마주쳤을 때, 아이는 세상을 다 가진 것처럼 환한 미소를 지었습니다. "드디어 엄마가 날 봤어!"라고 말하는 것 같은, 해맑고도 벅찬 웃음이었습니다. 그 장면이 아직도 제 마음에 깊이 남았습니다.

지하철의 그 엄마를 특별하게 나쁜 엄마라고 할 수 없습니다. 우리 모두의 모습일 수 있기 때문입니다. 아이를 사랑하지만 때로는 지치고, 말과 행동이 내 생각과는 다르게 흐르는 날들이 있습니다. 피곤한 몸으로 퇴근해 아이가 어질러 놓은 방을 보면, 반가움보다 한숨이 먼저 나오기도 합니다. 어떤 날은 아이에게 소리를 지르고 나서 스스로에게 더 실망하며 마음 아파하기도 하지요. 육아서에서 배운 원칙들이 현실 속에서 지켜지기란 결코 쉬운 일이 아닙니다. 아이의 자율성을 존중해야 한다는 것을 머리로는 알지만, 바쁜 아침에는 결국 신발을 신기고 가방을 챙겨 주는 쪽을 택하게 됩니다. "빨리빨리 좀 해!"라는 말이 어느새 입버릇처럼 되어 버립니다. 그리고 그 순간 아이의 얼굴에 비치는 실망감은 부모의 가슴에 죄책감으로 남게 됩니다.

그럼에도 불구하고 아이들은 참 놀랍습니다. 어젯밤 울음을 터뜨리게 했던 엄마에게도, 오늘 아침에는 아무 일 없다는 듯 활짝 웃으며 "사랑해요!"라고 말해 줍니다. 어른들의 세계에서는 실망이 쌓이면 관계가 멀어지고, 등을 돌리기도 합니다. 친구가 나를 속상하게 하면 절교를 하거나, 앙갚음을 하려는 마음이 생길 수도 있지요. 하지만 아이들은 그렇지 않습니다. 때로는 어른보다 더 성숙한 면을 보여 줍니다. 어른이 진심으로 사과하면 받아 줄 줄도 압니다. 예전의 잘못을 끄집어내며 책망하지도 않습니다. 아이들은 부모의 사랑을 믿고 있습니다. 마음속 가장 깊은 곳에서, 설령 그것이 말로 표현되지 않아도, 잠시 무심했던 날이 있어도, 그 마음이 진심이라는 걸 알아줍니다.

중요한 건 실수한 후의 태도입니다. 아이에게 미안한 마음을 전하고, 사랑을 다시 표현해 주는 것만으로도 아이는 충분히 만족합니다. '엄마는 나를 사랑해!'라는 확신이 들면, 아이는 아무 말 없이 웃고, 조용히 용서합니다. 하지만 여기서 꼭 기억해야 할 것이 있습니다. 이 용서는 영원하지 않다는 점입니다. 어릴 때는 무한히 받아 주는 것 같지만, 시간이 지나고 자라면서 조금씩 포기하기 시작합니다. 그리고 사춘기가 되면 그 사과를 더는 쉽게 받아주지 않는 날이 올 수도 있습니다. 그러니 지금 이 순간, 아이가 마음을 열고 기다려 주는 지금, 그 시간을 절대 놓치지 마세요.

지하철에서 보았던 그 아이의 엄마도, 집에 돌아가서는 아이에게 따뜻한 눈빛을 건네었기를 바랍니다. "아까는 엄마가 너한테 너무 신경을 못 썼지? 미안해." 그렇게 말하며 아이를 꼭 안아 주었기를요. 그 한마디면 충분했을 것입니다. 아이는 기다리고 있었을 테니까요.

아이들은 언제나 그 자리에 있습니다. 다시 눈을 맞춰 주기를 기다리면서요.

> 하루 5분 힐링 필사

'엄마는 나를 사랑해!'라는 확신이 들면,
아이는 아무 말 없이 웃고, 조용히 용서합니다.
하지만 여기서 꼭 기억해야 할 것이 있습니다.
이 용서는 영원하지 않다는 점입니다.
어릴 때는 무한히 받아 주는 것 같지만,
시간이 지나고 자라면서 조금씩 포기하기 시작합니다.
그리고 사춘기가 되면 그 사과를
더는 쉽게 받아 주지 않는 날이 올 수도 있습니다.
그러니 지금 이 순간, 아이가 마음을 열고 기다려 주는 지금,
그 시간을 절대 놓치지 마세요.

감정 돌보기 연습   "비슷한 감정을 느껴 본 적이 있나요?"
그 순간의 나를 위한 위로와 응원의 말을 건네 볼까요?

반실반실한 눈으로
나를 바라보는 아이를 위해

우리는 종종 착각합니다. 아이들은 부모가 하는 말은 대충 흘려듣고, 행동은 눈치채지 못한다고 말이에요. 하지만 시간이 지나면서 깨닫습니다. 아이들은 우리의 말보다 행동을 더 똑바로 보고 있다는 사실을요.

어느 날, 초등학생인 아들이 게임 삼매경에 빠진 모습을 보고 한 소리 했습니다.

"게임 그만하고 책 좀 읽지. 엄마가 다른 건 안 바란다. 하루에 책 1시간만 읽으면 소원이 없겠다."

말이 채 끝나기도 전에 아들은 저를 힐끗 쳐다보며 이렇게 말했습니다.

"엄마도 책 안 읽고 맨날 유튜브 쇼츠 보잖아요!"

예기치 못한 반격에 저는 당황했습니다.

"무슨 소리야! 엄마는 맨날 그러진 않아!"
"저도 맨날 게임하지 않아요!"

서로 말다툼처럼 이어지는 대화 속에서 문득 깨달았습니다. 아이는 내 행동을 세심하게 보고 있었다는 것을요. 내가 생각하는 것보다 훨씬 더 깊게, 조용히, 그리고 정확하게 말이지요.

사실 우리는 잘 알고 있습니다. 아이들은 우리가 하는 작은 행동, 무심한 말투 하나도 놓치지 않고 흡수한다는 것을 말입니다. 둘째 아이가 돌 무렵, 발가락으로 리모컨 버튼을 누르는 모습을 봤던 기억이 납니다. 이상하다 싶었는데 곰곰이 생각해 보니, 첫째를 안고 손이 모자랄 때 발로 리모컨을 조작하던 제 모습을 보고 배운 것이었습니다. 사소한 행동과 말투까지 우리 아이는 놓치지 않고 있던 것입니다.

그럼에도 불구하고 우리는 여전히 실수를 합니다. 때로는 말과 행동이 전혀 일치하지 않는 모습을 보이기도 합니다. 아이에게는 하루에 1시간씩 책을 읽으라고 하면서 정작 나는 핸드폰을 한참 들여다보고, 아이에게는 야채도 골고루 먹으라고 하면서 나는 편식을 합니다. 아이 눈에는 부모의 이런 모습이 얼마나 모순적으로 보일까요?

우리는 완벽한 어른이 될 수는 없지만, 적어도 '알아차리는 어른'은 될 수 있습니다. 내가 모순적인 행동을 했다는 것을, 아이가 보고 있다는 것을, 그리고 그것이 얼마나 큰 영향을 미치는지를 알아차릴 수 있습니다.

최근 감명 깊게 본 넷플릭스 드라마 〈폭싹 속았수다〉의 한 장면이 떠오릅니다.

엄마 애순은 어린 딸 금명과 함께 장터에 나갔습니다. 귤을 사려던 애순은 과일 장수가 잠시 한눈을 파는 틈을 타 몰래 귤을 하나 더 집으려 합니다. 그 순간, 어린 금명의 티 없이 맑은 눈과 마주칩니다. 애순은 민망해하며 잡았던 귤을 다시 내려놓습니다.

시간이 흐른 후, 어른이 된 금명은 매번 자신을 위해 참는 엄마를 답답해하며 말합니다.

> 금명: 엄마는 부아가 안 났어? 왜 그렇게 착하게만 살았어? 누가 상 줘?
>
> 애순: 너 땜에. 너 땜에. 니가 너무 착한 눈으로 맨날 나만 반실반실 보고 있는데 내가 어떻게 내 멋대로 살아. 니들 낳고 안으면서 생각했지. 지금부터 오애순이가 살아갈 인생은 내 애가 자라서 기억할 얘기구나. 내 자식들이 내 장례식에 와서 나를 추억할 얘기구나. 그렇게 생각하니까 하루도 치사하게 살 수 없더라고.

그렇습니다. 아이들은 반실반실한 눈으로 우리를 보고 있습니다. 그리고 우리 인생의 이야기를 하나하나 기억하고 있습니다. 어른인 우리는, 하루하루 치사하지 않게 살아야 합니다. 대단한 업적을 쌓지 않아도 됩니다. 단지 아이가 커서 부모를 떠올릴 때 '우리 엄마, 우리 아빠는 참 괜찮은 사람이었어' 하고 기억할 수 있도록 살면 됩니다.

아이가 책을 많이 읽는 사람이 되기를 바란다면, 나부터 책을 가까이 두어야 합니다. 아이에게 편식하지 말라고 가르치고 싶다면, 나부터 골고루 맛있게 먹는 모습을 보여야 합니다. 남들에게 사랑받는 사람이 되라고 말하고 싶다면, 나부터 주변 사람들을 따뜻하고 예의 바르게 대해야 합니다. 요령을 피우며 치사하게 살지 않아야 합니다.

우리가 노력하는 모습, 때로는 실패하고 다시 일어서는 모습까지도 아이는 보고 배웁니다. 나를 반실반실한 눈으로 바라보는 아이를 위해 지금 이 순간, 이 하루를 진심으로 살아야겠습니다.

"허투루 살지 말자. 치사하게 살지 말자. 아이가 기억할 괜찮은 어른이 되자."

(하루 5분 힐링 필사)

아이들은 반실반실한 눈으로 우리를 보고 있습니다.
그리고 우리 인생의 이야기를 하나하나 기억하고 있습니다.
어른인 우리는, 하루하루 치사하지 않게 살아야 합니다.
대단한 업적을 쌓지 않아도 됩니다.
단지 아이가 커서 부모를 떠올릴 때
'우리 엄마, 우리 아빠는 참 괜찮은 사람이었어' 하고
기억할 수 있도록 살면 됩니다.

감정 돌보기 연습 "비슷한 감정을 느껴 본 적이 있나요?"
그 순간의 나를 위한 위로와 응원의 말을 건네 볼까요?

효율을 버리고, 과정을 믿어 주세요

아이를 키우다 보면 하루에도 몇 번씩 같은 말을 반복합니다.

"양치하자."

"장난감 치우자."

"그건 그렇게 하는 게 아니야."

말귀를 못 알아듣는 것도 아니고, 알면서 일부러 안 하는 것 같기도 하고. '대체 며칠째 똑같은 걸 반복하는 걸까' 싶을 정도로 육아는 비효율과 고단함의 연속입니다.

진료실을 찾은 부모님들이 종종 묻습니다.

"제 아이에겐 먹히지 않아요. 매일 훈육하는데도 아이가 달라지지 않아요. 그건 이미 해 봤어요. 효과가 없는 것 같은데, 계속해야 하나요? 언제까지 해야 하나요?"

"뭔가 특별한 솔루션은 없나요?"

그럴 때 저는 이렇게 말씀드립니다.

"아이 키우는 게 힘들죠. 한 번에 딱! 마술처럼 된다면 얼마나 좋겠어요? 그런데 한 사람을 키우는 건 그렇지가 않잖아요?"

우리는 자꾸만 육아를 프로젝트처럼 생각합니다.
'이걸 하면 어떤 변화가 올까?'
'며칠 안에 이 행동을 고칠 수 있을까?'
'다른 아이들은 다 하는데, 우리 아이는 왜 아직일까?'
하지만 아이는 부모가 혹은 전문가가 뚝딱뚝딱 교정해야 할 존재가 아니라, 함께 살아 내고 성장하고, 경험하는 존재입니다. 내 아이가 어떤 하루를 보냈는지, 어떤 감정들을 느꼈는지, 나는 아이에게 어떻게 대했는지, 아이는 무엇을 배웠는지 떠올려 보세요. 그런 하루하루가 한 아이를 어른으로 성장시킵니다.

아이의 자존감과 회복탄력성은 '성취'보다 '관계' 안에서 만들어집니다. 효율적으로 훈육하고, 빠르게 성과를 내기보다는 느려도 좋으니 아이와 감정을 주고받는 경험을 많이 쌓아야 합니다. 육아에서 가장 불필요한 기준은 바로 효율성입니다. 효율은 단기 성과를 말하지만, 관계는 삶을 만듭니다.

아이가 성장하는 과정에서 부모는 '흔들리지 않는 단단함'으로 아이의 곁에 함께해 줘야 합니다. 힘들어도 꾸준히, 지쳐도 계속,

천 번, 만 번 반복해야 합니다. 사실 다른 왕도는 없어요. 화났다가 다시 즐겁고, 행복했다가도 다시 지치는 그런 매일을 반복하세요.

지금 부모님의 고민이, 부모의 사랑이, 오늘 나눈 말들이 눈으로 보이지는 않아도 분명히 아이 안에 쌓이고 있습니다. 부모인 당신은 지금 한 아이의 삶을 키우고 있습니다.

(하루 5분 힐링 필사)

아이는 부모가 혹은 전문가가 뚝딱뚝딱 교정해야 할 존재가 아니라, 함께 살아 내고 성장하고, 경험하는 존재입니다.

(감정 돌보기 연습) "비슷한 감정을 느껴 본 적이 있나요?"
그 순간의 나를 위한 위로와 응원의 말을 건네 볼까요?

우리는 이미
충분히 좋은 부모입니다

누군가 이렇게 말해 주었으면 좋겠다고 생각한 적 있나요?
"너 정말 아이 잘 키운다."
"당신은 진짜 최고의 엄마야."
"아이가 사랑받고 자란 티가 나네요."

저도 그랬던 적이 있습니다. 아이와 놀다가 아이가 자지러지게 웃거나 좋아하면 저도 덩달아 신이 나 남편에게 으쓱하면서 "역시는 역시지?" 했지요. 물론 남편은 코웃음을 쳤습니다.

하지만 사실 육아는 누군가에게 인정받고 박수받는 일이 아닙니다. 누군가 점수를 매기지도, 고과 평가를 하지도 않지요. 수고했다고 커피 한 잔 건네는 상사도 없고, 잘했다고 칭찬해 주는 동료도 없습니다. 그래서일까요? 가끔은 너무나 고단한 이 여정이 제자리를 맴도는 것 같아 막막해지기도 합니다.

육아의 가치는 물질적인 것으로 환원할 수가 없다는 것을 우리는 기억해야 합니다. 한 사람의 세상이 만들어지는 과정이니까요. 한 아이를 키워 내는 육아는 객관적인 지표로 측정하기 어렵습니다. 육아의 만족감은 결국 '내 아이'와 '나 자신'에게서 오는 것입니다. 조금씩 커 가는 아이의 모습, 어제보다 나아진 나의 모습, 그리고 그 사이를 연결하는 따뜻한 관계를 통해 내 마음속에서 설명하기 어려운 충만한 느낌이 드는 것. 그것이 바로 부모로서의 성취이고, '육아 효능감'입니다. 그러니 오늘만큼은 누군가의 칭찬을 기다리지 말고 당신 스스로에게 소리 내어 말해 주세요.

"지연아, 오늘도 아이의 마음을 알아주려고 참 애썼구나. 그게 바로 사랑이야."

"현주야, 이번 주도 잘 버텨 낸 너는 진짜 강한 사람이야. 그리고 좋은 엄마야."

"은정아, 완벽하지 않아도 괜찮아. 너의 품은 아이에게 최고의 안식처야."

처음에는 쑥스럽고 어색할 수 있어요. 하지만 하다 보면 어느새 그 말들이 나의 마음을 다독이고, 나를 다시 일으켜 주는 힘이 됩니다.

우리는 이상하게도 내 아이에게만은 완벽해지고 싶습니다. 조금이라도 더 좋은 걸 해 주고 싶고, 잘해 주고 싶고, 그래서 때로는 더 미안하고 조급해집니다. 하지만 진짜 중요한 건 아이에게 완벽한 부모가 아니라 진심을 주는 부모라는 사실입니다. 아이가 바라는 것은 부모 그 자체입니다.

'충분히 좋은 부모 good enough parent'면 충분합니다. 실수하고, 후회하고, 또다시 품어 주는 것. 그 과정 속에서 아이는 현실을 배우고, 세상을 배워 갑니다. 오늘 당신이 한 노력 하나하나가 아이의 내면에 깊이 스며들고 있다는 것을 잊지 마세요. 행복한 부모 아래에서 자란 아이는 자신을 믿고 사랑할 수 있는 사람으로 자랍니다.

그러니 아이를 위해서 당신 자신을 먼저 사랑해 주세요. 육아는 장거리 마라톤입니다. 그 긴 여정을 잘 달리기 위해 오늘 이 순간만큼은 당신에게 말해 주세요.

"정말 잘하고 있어."

"이미 충분히 좋은 부모야."

> 하루 5분 힐링 필사

아이를 위해서 당신 자신을 먼저 사랑해 주세요.

오늘 이 순간만큼은 당신에게 말해 주세요.

"정말 잘하고 있어."

"이미 충분히 좋은 부모야."

> 감정 돌보기 연습   "비슷한 감정을 느껴 본 적이 있나요?"
> 　　　　　　　　　그 순간의 나를 위한 위로와 응원의 말을 건네 볼까요?

에필로그

하루 8시간 이상, 일주일에 5일 이상. 전문의로서 매일매일 아이들과 부모님을 만나 온 지 대략 15년이 넘었습니다. 저희는 가정에서는 아이들의 엄마이자 부모이며, 진료실에서는 아이들과 부모님들, 양육자분들을 만나는 소아과, 소아정신과 의사입니다.

어쩌면 저희는 정말 감사한 직업을 가졌는지 모르겠다는 생각을 자주 합니다. 부모들에게 가장 귀하고 소중한 존재인 아이들을 저희 손에 맡겨 주시고, 그럼으로써 저희는 자라나는 아이들을 평생 만날 수 있으니까요. 진료실을 찾은 부모님들은 누구에게도 말하지 못할 고민을 저희에게 털어놓기도 하고, 가족들만이 알고 있는 두려움을 함께 나누기도 합니다. 그런 과정에서 항상 부담감이 있지만, 아이들이 성장하는 모습과 아이들과 함께하는 부모를 바라보는 일은 실로 뿌듯하고 보람된 일이 아닐 수 없습니다.

〈우리동네 어린이병원〉이라는 유튜브 채널을 시작하고, 저희는 진료실 밖의 더 많은 부모님, 할아버지, 할머니, 시터까지, 다양한 양육자분들을 만날 수 있었고, 더 가까이서 그분들의 고민과 걱정, 환희와 기쁨을 공유받았습니다.

저희 유튜브 채널은 육아를 좀 더 쉽고 행복하게, 하지만 근거 있고 건강하게 해 나갈 수 있도록 도와드리고자 개설되었습니다. 그러한 목표로 다양한 의학 정보를 열심히 나누고 있지만, 사실은 저희가 나누어 드리는 것보다 얻는 게 더 많다는 걸 항상 느낍니다. 초보 부모들의 고민과 설렘을 옆에서 지켜보며 저희의 옛날 모습을 다시금 떠올리기도 하고, 꼬물거리는 아이들이나 이제 막 입을 뗀 아이들을 진료하면서, 이제는 다 커 버린 저희 아이들의 옛 모습들 추억하기도 합니다. 그때 저희의 마음이 떠올라 가슴이 따뜻해지기도 하고, 또 아이들이 그저 귀엽고 사랑스럽기도 합니다.

이 책은 그동안 저희의 여정을 함께해 주신 많은 부모님들에게 드리는 선물 같은 책입니다. "이렇게 해야만 한다", "저렇게 하면 안 된다" 하며 지시하거나 교육하기 위한 것이 아니라, 같은 부모로서 함께 공유할 수 있는 다양한 감정들을 이야기하며 지친 부모님들의 마음을 위로하고 공감해 드리고 싶었습니다. 손발이 오그라드는 것을 잘 참지 못하는 저희였지만, 역시나 책을 쓰다 보니 마음이 간질간질해지기도 했습니다. 집필하는 과정에서 우습게도 저희가 쓴 글에 저희 스스로 울컥하기도 했습니다.

이 책이 아이를 양육하는 모든 분들의 마음에 위로가 되는, 찰나의 순간이라도 쉼을 선사할 수 있는 그런 책이 되었으면 합니다. 이 책에서 소개한 6가지 감정의 영어 단어 앞 글자를 따면 'BIGGER'라는 단어가 됩니다. 그 단어처럼, 매일매일 아이와 함께 조금씩 성장하는 부모가 되는 길에 이 책이 함께하길 바랍니다.

책에 실린 그림들은 실제로 아이들이 그린 그림입니다. 정형화되어 있지 않고, 어설프기도 하고, 그렇기에 더 순수하게 느껴집니다. 마치 아이들처럼요. 소중한 그림을 실을 수 있게 허락해 준 아이들에게 다시 한번 감사하다는 말을 전하고 싶습니다.

박소영·손수예

Kids Art Museum

우리동네
어린이미술관

순수한 아이들의 창의적인 그림으로
마음을 힐링하는 시간

콩쿠르 준비를 위해
열심히 연습하는 내 모습

피아노를
치는 나
———
김가현

세상에서 내가
가장 좋아하는 동물

작은 고양이
———
김민채

우리는 매일매일
새로운 것을 배워요

쿠킹데이
———
김슬아

세상이 사랑으로
가득한 곳임을 표현했어요

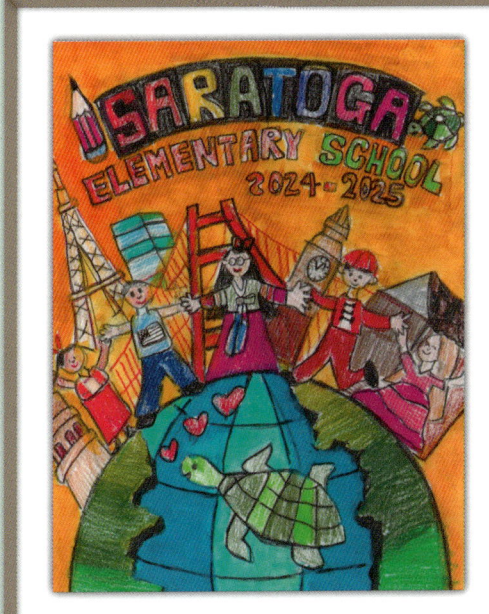

세상 곳곳에

―――――
김슬이

나무 속에도 다른 세계가 있다면
어떤 세상일지 상상하며
그린 그림이에요

나무 집

―――――
김은서

귀여운 고양이 가족입니다.
혹시 아기 고양이를 찾으셨나요?

고양이
_____
김은우

여름
_____
김채원

예쁘게 포즈를 취하고 있는
순돌이의 모습이에요

순돌이
―――――
김현서

돼지고기
한 개만
―――――
손민

어느 날 아이가 식탁에서 종이와
색연필을 끄적거리더니 벽에 붙인 그림.
돼지고기 요리를 해 달라던
아이 표정과 똑같았다

내가 원하는 열매가 열리는
수리수리마수리 나무

마술나무
_____
양건우

용감한 나 자신을 믿는
마음을 표현했어요

녹색 정원 속
프리다
_____
어선빈

한 가지 색깔이 끝날 때마다
다음 색으로 넘어가며 완성했어요!

무지개
———————
윤담

내가 본 달팽이는
이렇게 멋지게 생겼어요

달팽이
———————
윤한

가을이 오면 단풍이 바닥에 떨어져
나의 신발과 어우러져요

가을 단풍
신발
———————
은규

마음속에 있는
여러 감정을 표현했어요

내 마음속
무지개
———
조이현

독이 제일 센 코브라. 그리면서
무서웠지만 이길 수 있어!

무시무시한
코브라
———
SUN

지금은 무지개 건너 강아지별로 간 하코.
부드러운 털을 가진 누나예요

우리의 하코
———
초월이

동생과 눈사람 만들고
집으로 돌아가는 길

동생과 나
———
정혜원

내가 신고 싶은
운동화의 디자인

Dragon surrounding my shoe
―――
선우

밤낮으로 그림을 마음껏
그리고 싶은 마음을 표현했어요

장래희망
―――
장서예

엄마와 남산
———
정영화

케이블카를 타지 않고 처음으로
걸어서 남산에 올라갔어요!

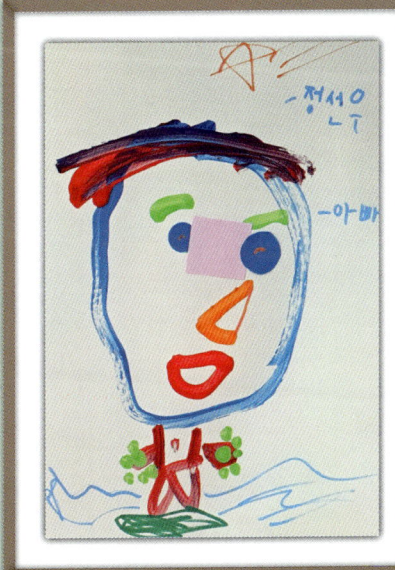

서핑하는
아빠
———
정선우

가족 나들이

장서윤

에버랜드를 다녀와서
기념사진처럼 장면을
남기고 싶은 마음으로 그렸어요

공룡이 화가 난 게 아녜요.
배가 고픈 것뿐이에요

화가 난 공룡

정혜리

깜깜한 밤길에
먹을 것을 뒤지는
배고픈 아기 고양이
<--'

문 앞에
찾아온 친구
———————
추선우

사랑하는 가족과 함께하는
행복한 나의 생일 파티
`--->

우리 가족
———————
지오

조용히 혼자 수영을 즐기는
호랑이를 그려 봤어요

빼꼼 호랑이

정혜원

엄마 아빠를 생각하면서
만든 작품

어버이날

조다연

노을이 지는 바다 풍경을 그렸어요!

내가 본 노을

추연서

귀여운 동물과 아름다운 풍경을 잔뜩 보고 돌아온 여행에서 진우의 마음속에 가장 남아 있던 건 다름 아닌 공항 곳곳의 장소들과 관제탑, 비행기에 실어지는 짐들이었어요

6살
여름 방학

현진우

잔디 위에서 하늘로 멀리 날아오르기 위한 준비를 하고 있어요

헬리콥터

홍성윤

전래동화를 읽고
슬픈 심청이의 마음을 표현했어요

심청이
_____
홍수빈

매섭고 추운 겨울의 모습과
외로운 마음이 들 때의 감정을 표현했어요

겨울바람
_____
홍수빈, 홍수민,
홍성윤